Rudolf Jung

Werkstätte zur Anfertigung wissenschaftlicher Instrumente

Preisverzeichnis 1. Abt.: Instrumente und Apparate für Mikrotomie und

Mikroskopie

Rudolf Jung

Werkstätte zur Anfertigung wissenschaftlicher Instrumente
Preisverzeichnis 1. Abt.: Instrumente und Apparate für Mikrotomie und Mikroskopie

ISBN/EAN: 9783743493308

Hergestellt in Europa, USA, Kanada, Australien, Japan

Cover: Foto ©Lupo / pixelio.de

Manufactured and distributed by brebook publishing software (www.brebook.com)

Rudolf Jung

Werkstätte zur Anfertigung wissenschaftlicher Instrumente

R. JUNG

Werkstätte zur Anfertigung wissenschaftlicher Instrumente und Apparate

Inhaber: **R. Jung** und **W. Löw**

HEIDELBERG

Landhausstrasse No. 12.

Preis-Verzeichnis

I. ABTEILUNG

enthaltend

Mikrotome,

Messer, Hilfsapparate, Trockenöfen, Wasserbäder, Glasgegenstände, Kasten, Mappen und alle andern Bedürfnisse zur Anfertigung und Aufbewahrung mikroskopischer Präparate.

1895.

Zu wissenschaftlichen Aufsätzen stellen wir Stöcke der Abbildungen unseres Preisverzeichnisses, auch Verkleinerungen, soweit solche vorhanden, gerne zur Verfügung.

Mit dem Erscheinen dieses Preisverzeichnisses verlieren die älteren ihre Giltigkeit.

*Bei Aufträgen wird um **deutliche Orts- und Namensunterschrift**, um Angabe der **Jahreszahl** des Preisverzeichnisses und der den einzelnen Instrumenten vorgesetzten **laufenden Nummer** gebeten.*

*Bei Nachbestellung einzelner Teile ist die Mitteilung der **Fabriknummer** des betreffenden Instruments erwünscht.*

Correspondenz in deutscher, englischer und französischer Sprache.

Lieferungs-Bedingungen.

Die Preise verstehen sich frei Heidelberg, ohne Abzug, in Bar, Cheks oder kurzen, bankfähigen Wechseln.

Sendungen an uns Unbekannte sowie solche nach dem Ausland, soweit es sich nicht um öffentliche Anstalten und Institute handelt, werden nur nach Einsendung des Betrags ausgeführt.

Die Versendung geschieht, wenn nicht anders bestimmt, nach unserm Ermessen als Poststück, Eil- oder Frachtgut unter Versicherung des Wertes auf Rechnung und Gefahr des Bestellers.

Verpackung wird zum Selbstkostenpreis berechnet, aber nicht zurückgenommen.

Heidelberg, 1895.

R. Jung.

Inhaltsverzeichnis der I. Abteilung

enthaltend:

Instrumente, Apparate und sonstige Hilfsmittel für Mikrotomie und Mikroskopie.

	Seite
Schlittenmikrotome nach Thoma	5
Gestelle und einzelne Teile zu Mikrotom I	5
" " " " " " " II	13
" " " " " " " III	14
Vollständige Mikrotome I	16
" " II	18
" " III	19
" " IV	20
Automatische Mikrotome für Paraffinpräparate	22
Kleine Mikrotome, Gefriermikrotome, Cylindermikrotome	24
Nebenapparate für Mikrotome	26
Messer und Hilfsapparate zur Mikrotomie: Mikrotommesser, Abziehvorrichtungen, Griffe, Messer zum Freihandschneiden, Abziehsteine und Streichriemen. Einzelne Instrumente zum Präparieren und Präparierbestecke	29
Trockenöfen, Wasserbäder, Brenner u. s. w.	40
Chemikalien	44
Glasgegenstände zur Anfertigung mikroskopischer Präparate: Objektträger, Deckgläschen, Schalen, Flaschen, Gläser u. s. w.	45
Kasten, Mappen und Schränke zur Aufbewahrung mikroskopischer Präparate	52
Hilfsapparate zur Mikroskopie	57
Mikroskope, Präparierstative und Lupen	61

Mikrotome.

Schlittenmikrotome nach Prof. Thoma.

Um unsern geehrten Auftraggebern die Auswahl und Preisberechnung der gewünschten Mikrotome zu erleichtern, ist in diesem Verzeichnisse die Einrichtung getroffen, dass zunächst die Gestelle mit Messerschlitten sowie sämtliche einzelne Teile mit Preisangabe angeführt sind, worauf dann das Verzeichnis der vollständig ausgerüsteten Instrumente in den Zusammenstellungen, wie sie am häufigsten im Gebrauche sind, auf Seite 16—21 folgt.

Gestelle und einzelne Teile zu Schlitten-Mikrotom I.

Lauf. No.		Mark
1	**Gestell mit Messerschlitten**, Länge der Bahn 40 cm, von Eisen (Fig. 1)	110.—
2	dto. von Phosphor-Bronce	160.—
3	**Skala und Nonius** zu 1 oder 2 [bei Benützung der Mikrometer-Schraube nicht unbedingt erforderlich] (Fig. 1) . .	6.—
4	**Einrichtung** zur Bewegung des Messerschlittens durch Kurbel und Saite, neue verbesserte Konstruktion (Fig. 21, Seite 17)	35.—
5	dto. mit Kette anstatt der Saite	40.—
6	**Einrichtung** zur selbstthätigen Hebung des Messerschlittens beim Rückgang, neue verbesserte Konstruktion	25.—
7	**Objektschlitten**, einfacher, ohne Objekthalter (Fig. 2)	14.—
8	**Objekthalter**, feste Klammer, auf No. 7 passend (Fig. 3) . .	12.—
9	**Objekthalter**, bewegliche Klammer, auf No. 7 passend (Fig. 4)	24.—
10	**Gefriervorrichtung** mit Gebläse und Flaschen, auf No. 7 passend (Fig. 5)	24.—
11	**Objektschlitten** mit Objekthalter (Klammer) mit Triebbewegung (Fig. 6)	60.—
12	dto. mit vertikaler Verschiebung nach L. Koch (Fig. 7)	75.—

Fig. 1.

Gestell mit Messerschlitten für Mikrotome I, II, III und IV.
(Die darauf ersichtliche Scala siehe No. 3, 33 und 67.)

Fig. 2.

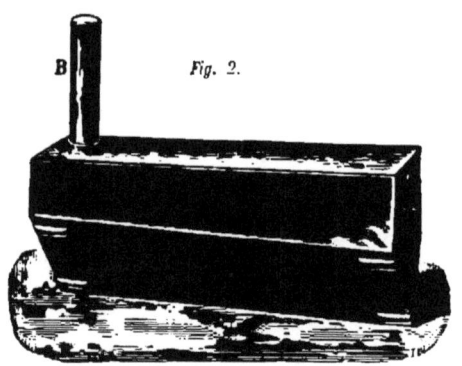

Objektschlitten, einfacher, für Mikrotome I, II und III.
No. 7, 37 und 69.

Fig. 3.

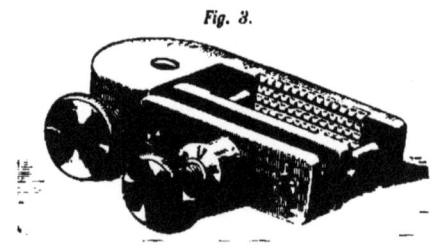

Objekthalter, feste Klammer, auf Objektschlitten Fig. 2 passend.
No. 8, 38 und 70.

Objekthalter, bewegliche Klammer, auf Objektschlitten Fig. 2 passend.
No. 9, 39 und 71.

Gefriervorrichtung, auf Objekthalter Fig. 2 passend.
No. 10, 40 und 72.

Objektschlitten mit Klammer und Triebbewegung, für Mikrotome I und II.
No. 11 und 41.

Fig. 7.

Objektschlitten mit Klammer, Triebbewegung und vertikaler Verstellung
nach L. Koch für Mikrotome I und II.
No. 12 und 42.

Fig. 8.

Objektschlitten mit Cylinderfassung, mit Triebbewegung, cylindrischem Träger zum
Aufschrauben von Objektplatten aus Metall und Stabilit und mit vertikaler
Bewegung des Trägers durch Schraube.
No. 14 und 46.

Fig. 9.

Objektschlitten mit beweglicher Klammer für radiale
Schnitte (Keilschnitte) für Mikrotome I und II.
No. 21 und 53.

Fig. 10.

Einsatz für Paraffineinbettung mit zwei Cylindern u. einem
Tischchen, in die Objekthalter mit Klammern passend.
No. 22, 54 und 79.
(Bei Bestellung wird gebeten, die Nummer des Objekthalters anzugeben.)

Fig. 11.

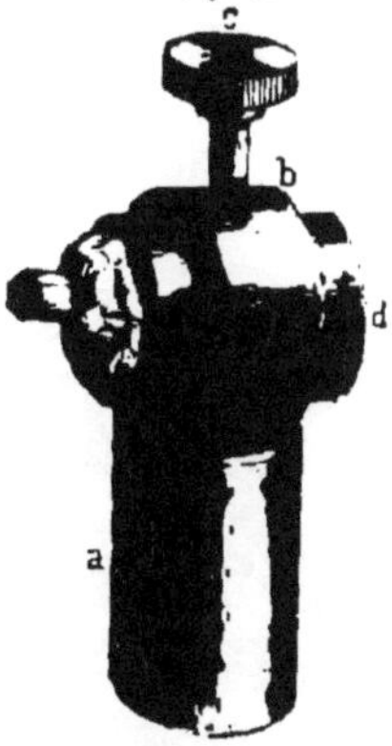

Beschneider für Paraffin-
Präparate,
nach **Kastschenko**.
No. 23 und 55.

(Bei Bestellung wird ge-
beten, die Nummer des
Objekthalters anzugeben.)

Fig. 12.

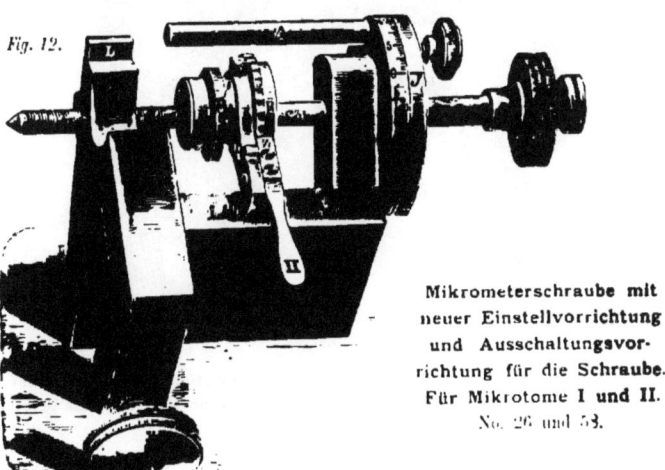

Mikrometerschraube mit
neuer Einstellvorrichtung
und Ausschaltungsvor-
richtung für die Schraube.
Für Mikrotome **I und II**.
No. 26 und 58.

Fig. 13.

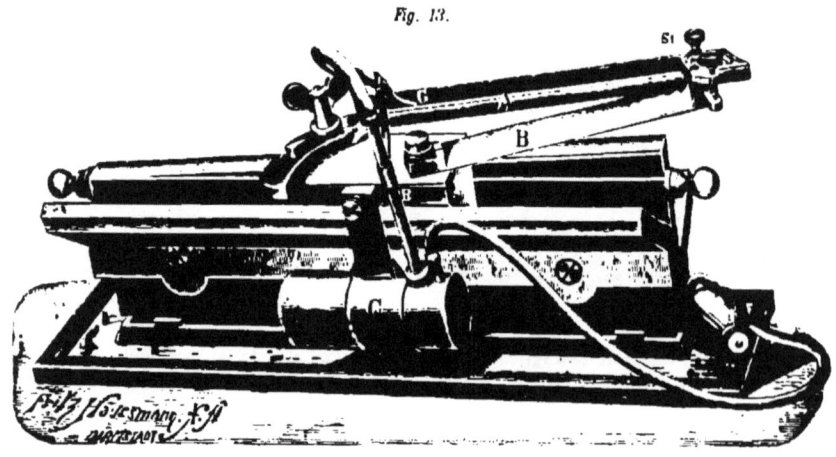

Gestell mit Messerschlitten, Messer nach Thoma, Messerstütze und Spiritus-
zuflussapparat für Mikrotome I und II.

Fig. 14.

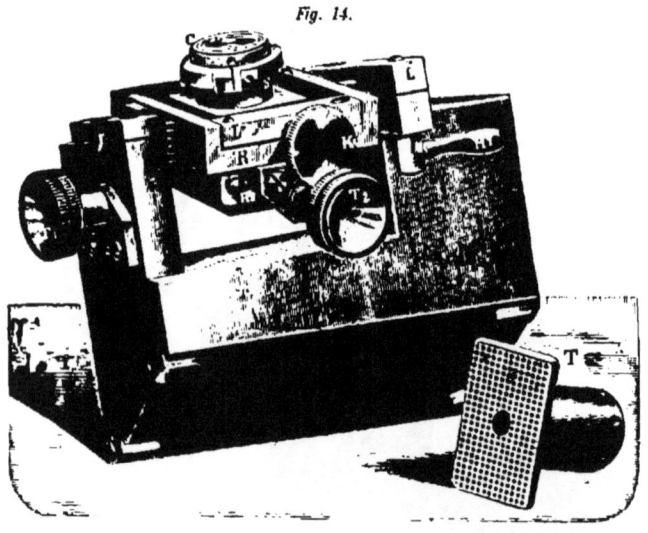

Objektschlitten mit Halter, 2 Cylindern und 1 Tischchen und einfacher vertikaler
Verstellung der Cylinder. (Modell der zoologischen Station in Neapel.)
Für Mikrotome II und IV.
No. 44.

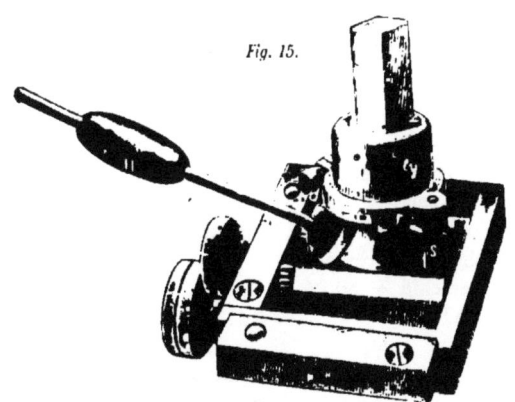

Vertikale Verstellung des Objekts nach Prof. P. Mayer und E. Schöbel.

Vertikale Verstellung des Objekts nach Dr. A. und H. Borgert.

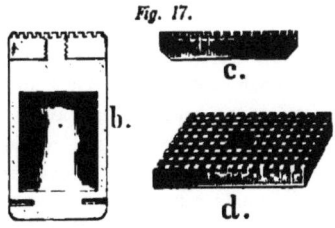

b. Cylindrischer Objektplatten-Träger.
c. Runde Platte.
d. Viereckige Platte.

Lauf. No.		Mark
13	**Objektschlitten** wie No. 11 mit Cylinderhalter anstatt der Klammer, einem cylindrischen Träger zum Aufschrauben der Objektplatten, von welchen 6 Stück aus Metall oder Stabilit (nach Wahl) beigegeben werden und zwar in folgenden Grössen: Viereckig = 50 × 46 mm (s. No. 16—19) Rund — 46 „ „ — 36 „ Praktischer für alle Einbettungsformen geeigneter Objekthalter, neueste Konstruktion	65.—
14	dto. mit vertikaler Verschiebung des Objektträgers mittelst Schraube, neue Konstruktion (Fig. 8)	70.—
15	**Objektschlitten** wie No. 13 und mit vertikaler Verschiebung des ganzen Objekthalters nach L. Koch	80.—
	Objektplatten zu den Objektschlitten No. 13, 14 und 15 (s. Fig. 17):	
16	M. — Metall, St. — Stabilit rechteckig 50 × 46 mm	1.—
17	dto. rund 46 „	—.70
18	dto. „ 42 „	—.60
19	dto. „ 36 „	—.50
20	dto. „ 30 „	—.50
21	**Objektschlitten** mit beweglicher Klammer für radiale Schnitte (Keilschnitte) (Fig. 9)	70.—
22	**Einsatz** für Paraffineinbettung mit 2 Cylindern und 1 Tischchen, in die Objekthalter passend. [Bei Nachbestellung wird gebeten, die Nummer des Objekthalters anzugeben] (Fig. 10)	8.—
23	**Beschneider** für Paraffinpräparate nach Kastschenko. [Bei Nachbestellung wird gebeten, die Nummer des Objekthalters anzugeben] (Fig. 11)	8.—
24	**Mikrometerschraube** mit geteilter Trommel zur genauen Einstellung der Schnittdicke von 0,001 an (s. auf Fig. 20)	30.—
25	dto. mit Einschnappvorrichtung (s. auf Fig. 22) . . .	42.—
26	dto. mit Einstellvorrichtung, um in Intervallen von $^1/_4$ Mikren einzustellen, u. mit Ausschaltungsvorrichtung für die Mikrometerschraube, um diese nicht zurückschrauben zu müssen. Neue Konstruktion (Fig. 12)	52.—
27	**Messerstütze**, um das Federn des Messers zu verhindern, neue Konstruktion (Fig. 13 B)	12.—
28	**Apparat** für beliebig zu regulierenden Spirituszufluss, neue Konstruktion (Fig. 13 C)	20.—

Lauf. No.		Mark
29	Eleganter Kasten aus poliertem Eichenholz; sämtliche Teile eingepasst, für Instrumente mit vollständiger Ausrüstung berechnet, also für jede Zusammenstellung geeignet	30.—
29a	Zwei starke vernickelte Henkelgriffe hiezu	8.—
30	Verpackung in einfachem solidem Holzkasten	4.—
	NB. Messer, Messerhalter u. s. w. siehe Seite 29. Holz-, Kork- und Stabilitklötzchen siehe Seite 28.	

Gestelle und einzelne Teile zu Schlitten-Mikrotom II.

31	Gestell mit Messerschlitten, Länge der Bahn 27 cm, von Eisen (Fig. 1)	68.—
32	dto. von Bronce	88.—
33	Skala und Nonius zu No. 31 und 32 [bei Benützung der Mikrometerschraube nicht unbedingt erforderlich] (Fig. 1)	5.—
34	Einrichtung zur Bewegung des Messerschlittens durch Kurbel und Saite, neue verbesserte Konstruktion (s. Fig. 21)	30.—
35	dto. mit Kette anstatt der Saite	34.—
36	Einrichtung zur selbstthätigen Hebung des Messerschlittens beim Rückgang, neue verbesserte Konstruktion	20.—
37	Objektschlitten, einfacher, ohne Objekthalter (Fig. 2)	11.—
38	Objekthalter, feste Klammer, auf No. 37 passend (Fig. 3) . .	9.—
39	dto. bewegliche Klammer, auf No. 37 passend (Fig. 4)	21.—
40	Gefriervorrichtung mit Gebläse u. Flaschen, auf No. 37 passend (Fig. 5)	22.—
41	Objektschlitten mit Objekthalter (Klammer) mit Triebbewegung (Fig. 6)	45.—
42	dto. mit vertikaler Verschiebung nach L. Koch (Fig. 7)	62.—
43	Objektschlitten mit Cylinderfassung anstatt der Klammer, 2 Cylindern und 1 Tischchen für in Paraffin eingebettete Objekte (mit No. 48 auch für Celloidinpräparate verwendbar) Modell der zoologischen Station in Neapel	45.—
44	dto. mit vertikaler Verschiebung des Objects nach Prof. P. Mayer und E. Schöbel (Fig. 14 und 15) . . .	47.50
45	Objektschlitten wie No. 43 und mit vertikaler Verschiebung nach Dr. A. und H. Borgert (Fig. 16)	53.—
46	Objektschlitten wie No. 43 und mit vertikaler Verstellung durch Schraube, neue Konstruktion (Fig. 8)	50.—
47	Objektschlitten wie No. 43 und mit vertikaler Verschiebung nach L. Koch	62.—
48	Objektplattenträger, in die Objektschlitten No. 43, 44, 46 und 47 passend (Fig. 17b)	1.50

Lauf. No.		Mark
	Objektplatten zu No. 48 M. (Metall) oder St. (Stabilit):	
49	Rechteckig 28 × 24 mm (Fig. 17d)	—.70
50	Rund 24 „ (Fig. 17c)	—.40
51	„ 21 „	—.30
52	„ 17 „ (Fig. 17b)	—.25
53	**Objektschlitten** mit beweglicher Klammer für radiale Schnitte (Keilschnitte) (Fig. 9)	60.—
54	**Einsatz** für Paraffineinbettung mit 2 Cylindern und 1 Tischchen in die Objekthalter mit Klammer passend. [Bei Nachbestellung wird gebeten, die Nummer des Objekthalters anzugeben] (Fig. 10)	6.50
55	**Beschneider** für Paraffinpräparate nach Kastschenko (Fig. 11)	6.50
56	**Mikrometerschraube** zur genauen Einstellung der Schnittdicke von 0,001 an (siehe auf Fig. 20)	30.—
57	dto. mit Einschnappvorrichtung (siehe auf Fig. 22) . .	40.—
58	dto. mit Einstellungsvorrichtung, um in Intervallen von $^1/_4$ Mikren einzustellen, u. mit Ausschaltungsvorrichtung für die Mikrometerschraube, um diese nicht zurückschrauben zu müssen. Neue Konstruktion (Fig. 12)	48.—
59	**Messerstütze**, um das Federn des Messers zu verhüten, neue Konstruktion (Fig. 13 B)	10.—
60	**Apparat** für beliebig zu regulierenden Spirituszufluss, neue Konstruktion (Fig. 13 C)	20.—
61	**Eleganter Kasten** aus poliertem Erlenholz zur Aufbewahrung des Instruments, sämtliche Teile eingepasst, für Instrumente mit vollständiger Ausrüstung berechnet, also für jede Zusammenstellung geeignet	22.—
62	dto. aus poliertem Eichenholz	26.—
63	Starker vernickelter **Henkelgriff** hiezu	4.—
64	**Verpackung** in einfachem solidem Holzkasten	2.50
	NB. Messer, Messerhalter, Schnittstrecker u. s. w. siehe Seite 29. Holz-, Kork- und Stabilitklötzchen siehe Seite 28.	

Gestelle und einzelne Teile zu Schlitten-Mikrotom III.

65	**Gestell** mit Messerschlitten, Länge der Bahn 21 cm, von Eisen (Fig. 1)	36.—
66	dto. von Bronce	48.—
67	**Skala und Nonius** zu No. 65 und 66 (auf Fig. 1) [bei Benützung einer Mikrometerschraube nicht unbedingt erforderlich]	4.—
68	**Einrichtung** zur Bewegung des Messerschlittens durch Kurbel und Saite. Neue verbesserte Konstruktion (Fig. 21)	25.—

Lauf. No.		Mark
69	**Objektschlitten**, einfacher (Fig. 2)	8.—
70	**Objekthalter** (feste Klammer) auf No. 69 passend (Fig. 3) . .	7.50
71	dto. (bewegliche Klammer) auf No. 69 passend (Fig. 4)	18.—
72	**Gefriervorrichtung**, auf No. 69 passend, mit Gebläse und Flaschen (Fig. 5)	20.—
73	**Objektschlitten** mit beweglicher Klammer, zweiseitig gelagert, ähnlich No. 41 Fig. 6, aber ohne Triebbewegung . .	32.—
74	**Objektschlitten** mit beweglichem Cylinderhalter, zweiseitig gelagert, ähnlich No. 43 Fig. 14, aber ohne Triebbewegung mit Objektplattenträger (Fig. 17b), 1 rechteckigen und 3 runden Metall- und ebensolchen Stabilit-Platten, neue Konstruktion	32.—
	Diese Objektplatten können jederzeit passend nachgeliefert werden in folgenden Grössen M. (Metall) oder St. (Stabilit):	
75	Rechteckig 22 × 18 mm (Fig. 17 d)	—.60
76	Rund 22 „	—.30
77	„ 18 „	—.25
78	**Objektschlitten** wie No. 74 und mit vertikaler Verschiebung des Objekts nach Prof. P. Mayer und E. Schöbel (s. Fig. 15)	34.50
79	**Einsatz** für Paraffin-Einbettung mit 2 Cylindern und 1 Tischchen in die Objekthalter No. 70, 71 oder 73 passend (Fig. 10) (Bei Nachbestellung wird gebeten, die Nummer des Objekthalters anzugeben)	6.—
80	**Mikrometerschraube** zur genauen Einstellung der Schnittdicke von 1 Mikron an (siehe auf Fig. 20)	25.—
81	dto. mit Einschnappvorrichtung (s. auf Fig. 22) . . .	35.—
82	Eleganter, polirter **Holzkasten** zum Aufbewahren des Instruments, sämtliche Teile eingepasst, für Mikrotome mit vollständiger Ausrüstung berechnet, also für jede Zusammenstellung geeignet	16.50
83	Starker vernickelter **Henkelgriff** hiezu	3.—
84	**Verpackung** in einfachem solidem Holzkasten	1.70

NB. **Messer, Messerhalter, Schnittstrecker** u. s. w. siehe Seite 29.
Holz-, Kork- und Stabilitklötzchen siehe Seite 28.

Vollständige Schlittenmikrotome.

Bei Aufträgen, die mit einer der unten angeführten Zusammenstellungen übereinstimmen, genügt Angabe der laufenden Nummer und des Gesamtpreises, der immer die Summe der Einzelpreise darstellt.

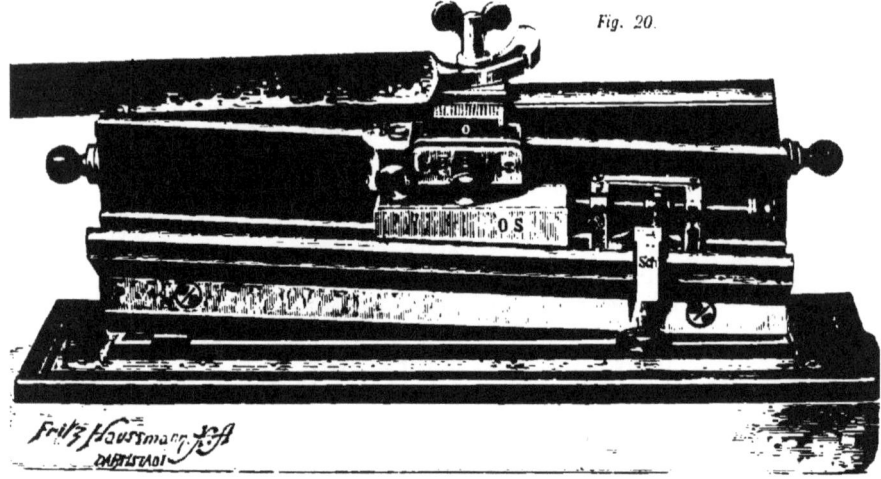

Fig. 20.

Schlittenmikrotom mit einfacher Ausrüstung. No. 85, 95 u. 108.

Lauf. No.		Mark
	Vollständige Schlittenmikrotome I.	
85	(Fig. 20) Gestell No. 1 (von Eisen), Objektschlitten No. 7 mit Objekthalter No. 8, Mikrometerschraube No. 24 und einem Messer nach Thoma, 24 cm Schneide, No. 150	196.—
86	Gestell No. 1 (von Eisen), Objektschlitten No. 7 mit Objekthalter No. 9, Gefriervorrichtung No. 10, Mikrometerschraube No. 24, einem Messer n. Th. No. 150, 24 cm Schneide, 2 Messer nach Jung No. 164, 17 cm Schneide, wovon eines c für gefrorene Objekte, Etui No. 171, Messerhalter No. 126 oder 127, Griff No. 186 und Abziehvorrichtungen No. 154 u. 177	270.—

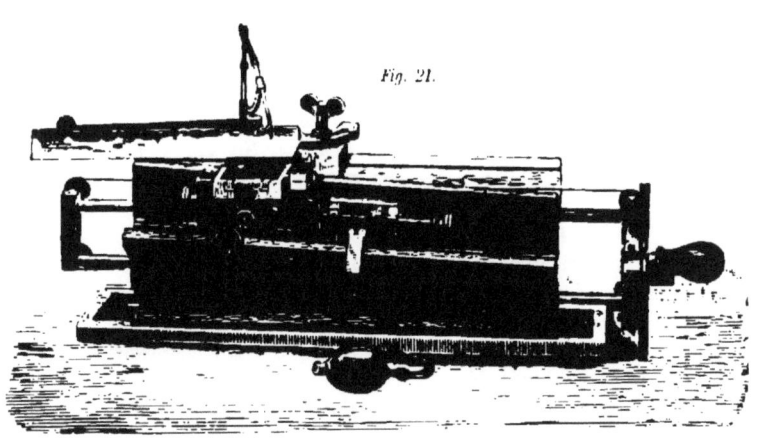

Fig. 21.

Schlittenmikrotom No. 90 und mit No. 4.

Lauf. No.		Mark
87	Gestell No. 1 (von Eisen), Objektschlitten No. 11, Cylindereinsatz No. 22, Mikrometerschraube mit Einschnappvorrichtung No. 25, 1 Messer n. Th. No. 150, 24 cm Schneide, 2 Messer n. J. No. 163 u. 164 von 20 cm u. 17 cm Schneide, Etui No. 169, Messerhalter No. 126 oder 127, Griff No. 186, Abziehvorrichtungen No. 154 u. No. 176	293.90
88	Wie No. 87, aber mit Objektschlitten No. 14 anstatt No. 11 und dem Cylindereinsatz	295.90
89	Wie No. 87, aber mit Objektschlitten No. 12 anstatt No. 11	308.90
90	(Fig. 21) Gestell No. 1 (von Eisen), Objektschlitten No. 12, Cylindereinsatz No. 22, Messerstütze No. 27, Apparat für Spirituszufluss No. 28, Mikrometerschraube mit Einstellvorrichtung No. 26, 1 Messer n. Th. No. 150, 24 cm Schneide, 2 Messer n. J. No. 164, 17 cm Schneide, Etui No. 171, Messerhalter No. 128, Griff No. 186, Schnittstrecker No. 136 u. Abziehvorrichtungen No. 154 u. No. 183	356.10
91	Wie No. 90 und noch mit Objektschlitten No. 7, Gefriervorrichtung No. 10 und mit 1 Messer No. 164 (c für gefrorene Objekte)	405.10

Lauf. No.		Mark
92	Gestell No. 1 (von Eisen), Objektschlitten No. 14, Mikrometerschraube mit Einstellvorrichtung No. 26, 4 Messer n. J., wovon 2 No. 162 mit 24 cm Schneide für Celloidin (a), 2 No. 164, 17 cm, für Paraffin (b), Etui No. 168, Messerhalter No. 128, Griff No. 186, Abziehvorrichtungen No. 158 u. 183, Schnittstrecker No. 136 und Apparat für Spirituszufluss No. 28	344.50
93	Wie No. 92, doch mit Objektschlitten No. 15 anstatt No. 14	354.50
94*	Wie No. 92 und noch mit Objektschlitten No. 7 und Gefriervorrichtung No. 10	382.50
	NB. Vorstehende Instrumente I jedoch mit Gestell No. 2 (von Bronce) mehr	50.—
	Mit Skala und Nonius No. 3 mehr	6.—
	Mit Einrichtung zur Bewegung des Messerschlittens durch Kurbel No. 4 oder 5 . . . mehr Mk. 35.— resp.	40.—
	Kasten und Verpackung siehe No. 29—30. Abziehsteine und Streichriemen siehe Seite 34.	

* Um das Schlittenmikrotom nicht für gefrorene Objekte benützen zu müssen, wird vielfach an Stelle des Objektschlittens No. 7 und der Gefriervorrichtung No. 10 eines der kleinen Mikrotome No. 117—119 verwendet.

Vollständige Schlittenmikrotome II.

95	(Fig. 20) Gestell No. 31 (von Eisen), Objektschlitten No. 37 mit Objekthalter No. 38, Mikrometerschraube No. 56 und 1 Messer n. Th. No. 151, 16 cm Schneide . .	137.—
96	Wie No. 95 aber mit Objekthalter No. 39 anstatt 38 . . .	149.—
97	Gestell No. 31 (von Eisen), Objektschlitten No. 37 mit Objekthalter No. 39, Gefriervorrichtung No. 40, Mikrometerschraube No. 56, 1 Messer n. Th. No. 151, 16 cm Schneide, 2 Messer n. J. No. 164 = 17 und No. 165 = 12 cm Schneide (letzteres c. für gefrorene Objekte), in Etui No. 171, Messerhalter No. 126 oder 127, Griff No. 186, Abziehvorrichtungen No. 155 u. 177 . .	205.70
98	Gestell No. 31 (von Eisen), Objektschlitten No. 41, Mikrometerschraube mit Einschnappvorrichtung No. 57, 1 Messer n. Th. No. 151, 16 cm Schneide, 2 Messer n. J. No. 164, 17 cm Schneide, in Etui No. 171, Messerhalter No. 126 oder 127, Griff No. 186, Abziehvorrichtungen No. 155 u. No. 177 und Schnittstrecker No. 136	218.70

Lauf. No.		Mark
99	Wie No. 98 mit Objekthalter No. 42 anstatt No. 41 und mit Cylindereinsatz No. 54	242.20
100	Gestell No. 31 (von Eisen), Objektschlitten No. 46, Objektplattenträger No. 48 mit 8 Objektplatten No. 49 bis 52 von Metall oder Stabilit (nach Wahl), Mikrometerschraube mit Einstellvorrichtung No. 58, 3 Messer n. J. 17 cm No. 164, in Etui No. 170, Messerhalter No. 128, Griff No. 186, Abziehvorrichtungen No. 183 und Schnittstrecker No. 136	229.30
101*	Wie No. 100 und mit Objektschlitten No. 37, Gefriervorrichtung No. 40 und 4 Messer No. 164	273.30
102	Wie No. 100, aber mit Objektschlitten No. 47 anstatt No. 46, mit Spirituszufluss No. 60 1 Messer n. Th. 16 cm No. 151 und Abziehvorrichtung No. 155	281.80
	NB. Vorstehende Instrumente II, jedoch mit Gestell No. 32 (Bronce), mehr	20.—
	Mit Skala und Nonius No. 33 mehr	5.—
	Mit Einrichtung zur Bewegung des Messerschlittens durch Kurbel No. 34 oder 35 . . mehr Mk. 30.— resp.	35.—

Kiste und Verpackung siehe No. 61—64.
Abziehsteine, Streichriemen u. s. w. siehe Seite 34.

* Um das Schlittenmikrotom nicht für gefrorene Objekte benützen zu müssen, wird vielfach an Stelle des Objektschlittens No. 37 und der Gefriervorrichtung No. 40 eines der kleinen Mikrotome No. 117—119 verwendet.

Vollständige Schlittenmikrotome III.

103	Gestell No. 65 (von Eisen), Objektschlitten No. 69, Objekthalter No. 70, Mikrometerschraube No. 80 und 1 Messer n. Th. von 12 cm Schneide No. 152, Abziehvorrichtung No. 156	90.20
104	Gestell No. 65 (von Eisen), Objektschlitten No. 69, Objekthalter No. 71, Gefriervorrichtung No. 72, Mikrometerschraube No. 80, 3 Messer n. J. (a, b u. c) 12 cm No. 165, Etui No. 170, Messerhalter No. 126 oder 127, Griff No. 186, Abziehvorrichtung No. 184	146.—
105	Gestell No. 65 (von Eisen), Objektschlitten No. 73, Mikrometerschraube No. 81, 2 Messer n.J.(a u. b) 12 cm No. 165, Etui No. 172, Messerhalter No. 126 oder 127, Griff No. 186, Abziehvorrichtung No. 184 und Schnittstrecker No. 136	142.50

Lauf. No.		Mark
106	Gestell No. 65 (von Eisen), Objektschlitten No. 78, Objektschlitten No. 69, Gefriervorrichtung No. 72, Mikrometerschraube No. 81, 1 Messer n. Th. 12 cm No. 152, 3 Messer n. J. (2b u. 1c) 12 cm No. 165, Etui No. 172, Messerhalter No. 128, Griff No. 186, Abziehvorrichtung No. 156 u. 184 und Schnittstrecker No. 136 . . .	195.70
	NB. Vorstehende Instrumente III, jedoch mit Gestell No. 66 (Bronce) mehr	12.—
	Mit Skala und Nonius mehr	4.—
	Mit Einrichtung zur Bewegung des Messerschlittens durch Kurbel mehr	25.—

Abziehsteine, Streichriemen u. s. w. siehe Seite 34.
Kiste und Verpackung siehe No. 82—84.

Mikrotome IV.

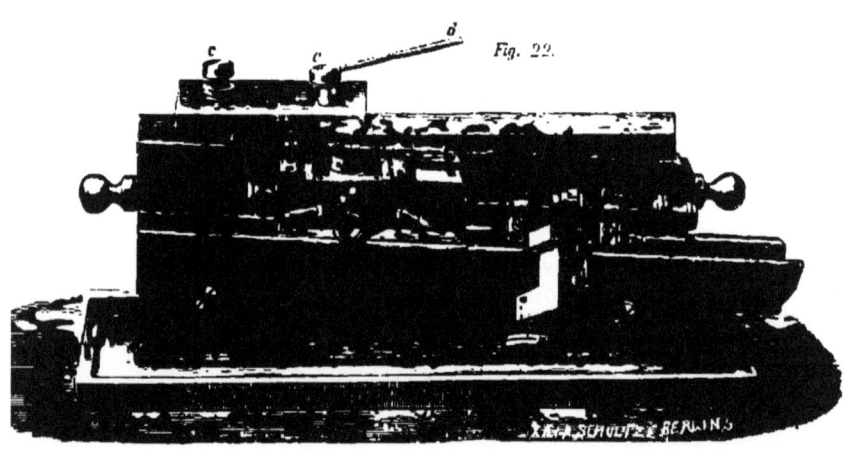

Fig. 22.

Mit IV bezeichnen wir ein Mikrotom (Bronce), zusammengestellt nach Angabe der zoologischen Station in Neapel. Es ist in dieser Zusammenstellung zum Schneiden von Paraffinpräparaten bestimmt, mit Hilfe des Objektplattenträgers No. 48—52 eignet es sich jedoch für alle Präparate. Sämtliche einzelnen Teile sind auf Seite 13, 14 und 26—33 angeführt.

Lauf. No.		Mark
107	(Fig. 22) Gestell No. 32, Objektschlitten No. 44, Mikrometerschraube mit Einschnappvorrichtung No. 57, 2 Messer n. J. (b), 17 cm Schneide No. 164, Etui No. 171, Messerhalter No. 126, Griff No. 86, Schnittstrecker No. 136, Abziehvorrichtung No. 183, ein Satz planparallele Platten No. 130 zum Unterlegen unter den Messerhalter und Streichriemen No. 223	227.80
108	Mit Objektplattenträger No. 48, mit 8 Objektplatten von Metall und Stabilit (nach Wahl) mehr	3.50
109	Mit Mikrometerschraube No. 58 anstatt No. 57 mehr . . .	8.—

Automatische Mikrotome für Paraffinpräparate.

Fig. 23.

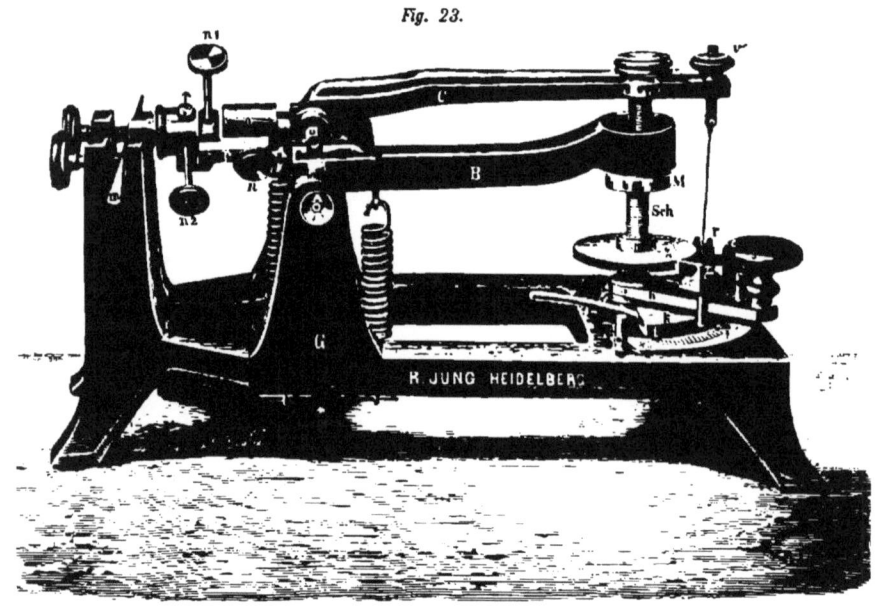

Fig. 24.

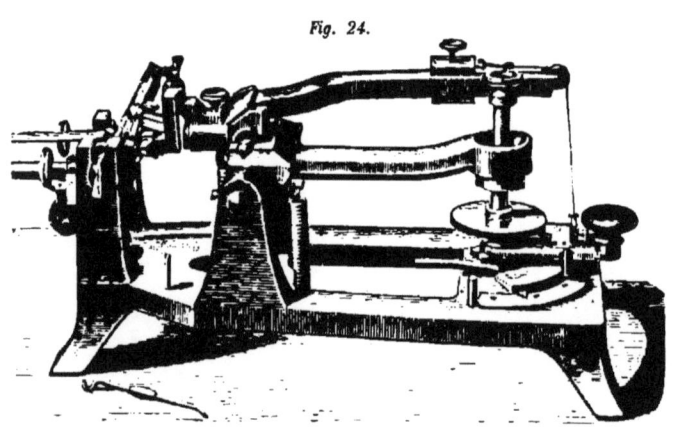

Fig. 25.

Lauf. No.		Mark
110	**Schaukelmikrotom**, gewöhnliches (Cambridge-Modell), für Schnittdicken von 0—20 Mikren, in Intervallen von $^1/_2$ Mikron einzustellen, 1 noch mit Sicherheit schneidend, mit festem Objekthalter und 3 Einsätzen für Objekte . .	80.—
	(Siehe die Zeitschrift für wissenschaftliche Mikroskopie IX Seite 168 und Flora, allgem. Bot.-Zeit. 1893, H. 4.)	
111	dto. mit Objekthalter, um 2 Achsen beweglich und 3 Einsätzen für Objekte (Fig. 23)	90.—
112	**Schaukelmikrotom**, nach Angabe der zoologischen Station in Neapel verbessertes Modell (Fig. 24) mit Arbeitshebel, welcher in jeder Lage festgestellt werden kann, neuem, besonders solidem, um 2 Achsen beweglichem Objekthalter (Fig. 25) mit 3 Cylindern zur Aufnahme der Objekte. Die Cylinder können um ihre Achse gedreht und in senkrechter Richtung zum Messer verschoben werden. Mit automatischer Einstellvorrichtung der Schnittdicke neue Konstruktion	130.—
113	**Einzelne Cylinder** . . . . das Stück	—.80
114	dto. mit Führungswinkel und Schraube . . „ „	2.—
115	**Automatische Schnittführung** zu den Schaukelmikrotomen (auf Fig. 24)	40.—
	Rasiermesser No. 209 mit Elfenbeinschalen (bestes engl. Fabrikat, sehr zu empfehlen)	4.50
	Messer No. 187 (Fig. 42)	6.—
	Griff No. 186 zum Abziehen der Messer No. 187	3.—
	Etui No. 188 für 3 Messer No. 187	2.50
116	**Eleganter Kasten** in Eichenholz mit Nickelbeschlägen für die Schaukelmikrotome nebst Zubehör	20.—
	Verpackung in einfachem solidem Holzkasten	2.—

Kleine Mikrotome, Gefriermikrotome, Cylindermikrotome.

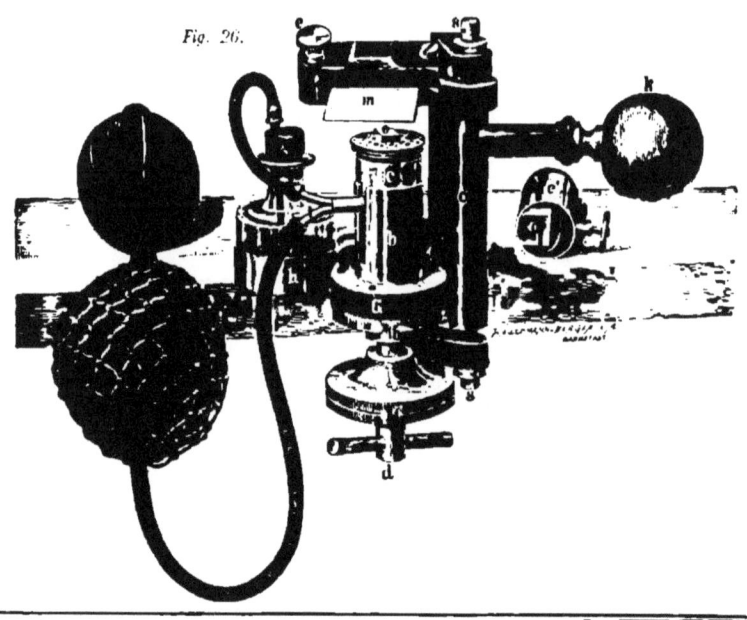

Fig. 26.

Lauf. No.		Mark
117	**Kleines Mikrotom** (sogenanntes Studentenmikrotom) für gefrorene und in Paraffin eingebettete Objekte, mit mechanischer Messerführung, wodurch es auch dem Ungeübten sofort gelingt Serienschnitte zu machen. Mit 1 Messer, Gebläse, Flasche und Einbettungsrähmchen, alles in sauberem Holzkasten eingepasst. (Fig. 26) [gesetzlich geschützt]	27.—
118	dto. mit Teilung und Einschnappvorrichtung	32.—
119	dto. mit automatischer Einstellung der Schnittdicke .	40.—
120	**Ein Reservezerstäuber**	1.—
	Ohne Gefriervorrichtung kosten vorstehende Mikrotome M. 5.—, ohne Paraffinklammer M. 2.— weniger.	
	Einzelne Messer No. 190 zu vorstehenden Mikrotomen . . .	2.50
	Etui No. 191 für 4 Messer No. 190	2.—
	Griff No. 192 zum Schleifen und Abziehen der Messer . .	3.—

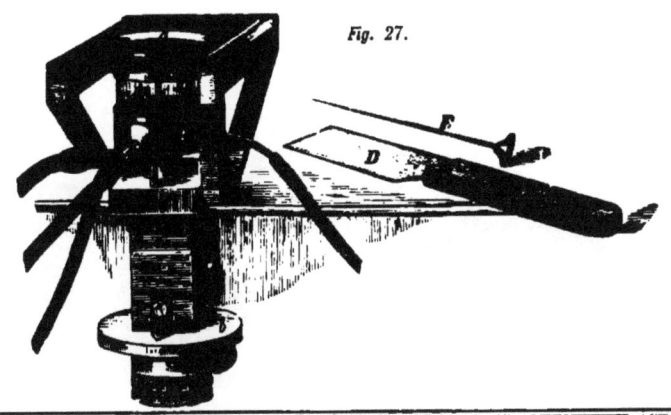

Fig. 27.

Lauf. No.		Mark
121	**Gefrier-Mikrotome** nach Hughes & Levis, erheblich verbessert, mit Glasplatte als Messerunterlage, samt Gebläse und Flaschen	30.—
122	dto. mit Teilkreis zum Einstellen der Schnittdicke (Fig. 27)	35.—
	1 **Messer** No. 189 hiezu in Etui	7.—

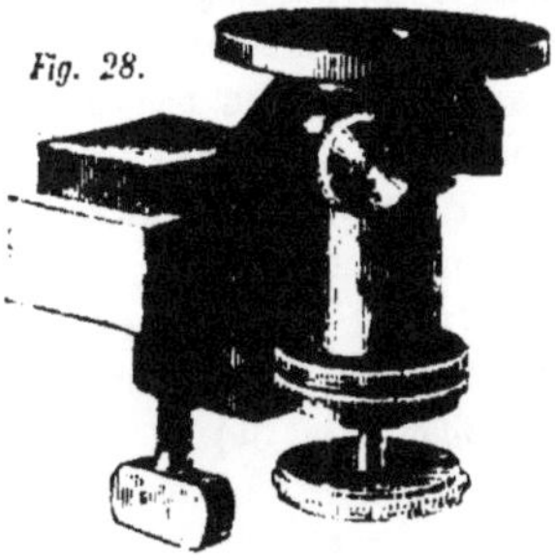

Fig. 28.

123	**Cylinder-Mikrotome** mit Glasplatte als Messerunterlage, Durchmesser des Cylinders 20 mm (Fig. 28) Ohne Halter .	18.—
124	dto. mit Teilung auf dem Kopf der Mikrometerschraube, um 0,01 abzulesen	21.—
125	**Abnehmbarer Halter** zu No. 123 u. 124, an den Tisch zu schrauben, (Fig. 28)	6.—

Messer für Freihandschneiden siehe Seite 33.

NB. Mikrotome anderer Konstruktion als die in diesem Preisverzeichnis angeführten werden nach Angabe oder Zeichnung in sorgfältigster Ausführung zu entsprechenden Preisen von uns geliefert. Entwürfe und Kostenanschläge auf Verlangen.

Nebenapparate für Mikrotome.

Fig. 29.

Messer nach Jung mit Messerhalter c und Schnittstrecker nach Prof. P. Mayer.

Lauf. No.		Mark
126	**Messerhalter c** für Messer nach Jung. Die Schrauben drücken auf den Rücken des Messers. Nur für Messer von ziemlich gleicher Dicke zu benützen (s. Fig. 29) . .	7.—
127	dto. **d** neuere Form. Die Schrauben drücken auf die Fläche des Messers, daher für sehr dicke und dünne, auch Rasiermesser zu benützen	7.—
128	dto. **e** wie Nr. 127 und mit 2 Stellschrauben, um die Schneide des Messers in der vertikalen Ebene etwas drehen zu können (Fig. 30)	8.—

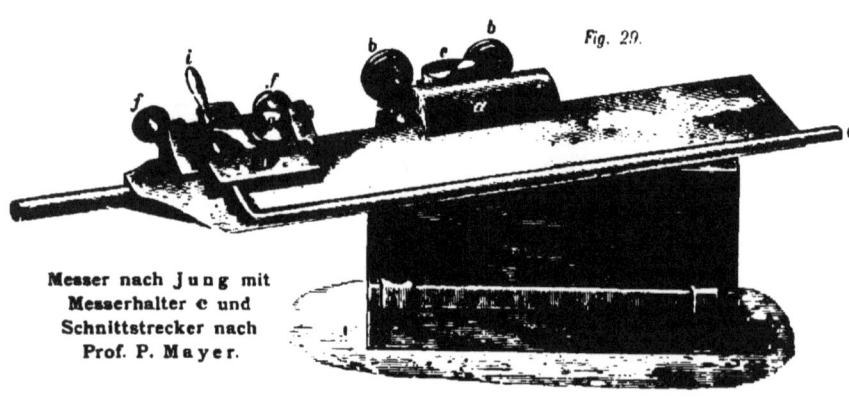

Fig. 30.

Messerhalter e. No. 128.

Fig. 31.

Messerhalter f. No. 129.

Fig. 32.

Objektträgerklammer No. 140.

Lauf. No.		Mark
129	**Messerhalter I**, neueste Konstruktion. Die Messerschneide kann in vertikaler Ebene sowie parallel der Messerachse gedreht werden. Die Einrichtung für letztere Bewegung ist mit Teilung versehen (Fig. 31)	16.—
130	**Planparallele Platten**, unter die Messerhalter der J.-Messer oder die Griffe der Th.-Messer zu legen, um besonders hohe Objekte schneiden zu können. Ein Satz bestehend aus 3 Stücken verschiedener Dicke	1.50
131	**Konische Platten** nach Thoma zur Justierung der Messerstellung, ein Paar	4.—
132	**Keile** zur Justierung der Messerstellung nach Dr. L. Neumayer. Ein Satz bestehend aus 3 Paaren von verschiedenem Winkel	1.50
	Lange Flügelschraube für Messerschlitten bei Benützung von No. 130 und No. 131	
133	Zu Mikrotom I	1.80
134	„ „ II	1.60
135	„ „ III	1.40
136	**Schnittstrecker** nach Prof. P. Mayer, auf dem Messer zu befestigen (s. Fig. 29)	9.—
137	**Schnittstrecker** nach Prof. G. Born	9.—
138	**Ritzer** zum Anlegen der Richtebenen von Paraffinpräparaten nach Prof. F. Keibel in Freiburg i. B. (Zeitschr. für wissenschaftl. Mikrosk. XI. Bd. S. 162) . . .	8.—

Lauf. No.		Mark
139	**Objektträgertisch** nach Prof. L. Koch (Pringsheims Jahrbücher 21. Bd. 3. H.)	10.—
140	**Objektträgerklammer** nach P. Bade, neue Konstruktion (Fig. 32). Mittels 1 oder 2 dieser Klammern lässt sich der Objektträger an jeder Stelle des Messers, auch frei über das Ende hinausragend, auf einfachste Weise befestigen. Das Stück	1.25
141	**Holz- oder Korkstücke** zum Aufkleben von Objekten, welche mit Schlittenmikrotomen geschnitten werden sollen, 10 Stück je nach Grösse	0,30–0,50
142	**dto.** Tischform, für grössere Objekte als die Spannweite der Klammern, 10 Stück je nach Grösse	1—2
	Stabilitklötzchen, auf der oberen Seite gerieft, zum Aufkleben von Präparaten (Zeitschr. für wissenschaftl. Mikrosk. XI. Bd. 241) für Objektschlitten oder	
143	Halter No. 8. 9 . . . . das Stück	—.85
144	„ „ 11. 12 . . . . „ „	—.75
145	„ „ 38. 39 . . . . „ „	—.45
146	„ „ 41. 42 . . . . „ „	—.30
147	„ „ 70. 71. 73 . . . . „ „	—.35
148	**dto.** Tischform, für grössere Objekte als die Spannweite der Klammer, kosten das Doppelte.	

Messer und Hilfsapparate zur Mikrotomie
Mikrotommesser.

Die von uns gelieferten Messer für Mikrotome werden, bevor sie zum Verkauf kommen, auf das Sorgfältigste geprüft.

Messer mit sehr fein ausgeschliffener Schneide für in Alkohol gehärtete und für Celloidin-Präparate sind mit **a** gezeichnet, stärkere für Paraffin mit **b**, solche für gefrorene und sonstige sehr harte Präparate mit **c**. Bei Bestellung wird dringend gebeten, von diesen Bezeichnungen Gebrauch zu machen. Dieselben gelten für alle Formen.

NB. Mikrotommesser anderer Form oder Grösse als die hier angeführten werden genau nach Angabe oder Zeichnung in sorgfältigster Ausführung geliefert, sowie geschliffen. Letzteres auch wenn diese Messer nicht von uns geliefert sind.

Lauf. No.		Mark

Mikrotommesser nach Thoma
plankonkav, mit Griff zum Aufspannen direkt auf den Messerschlitten (Fig. 33).

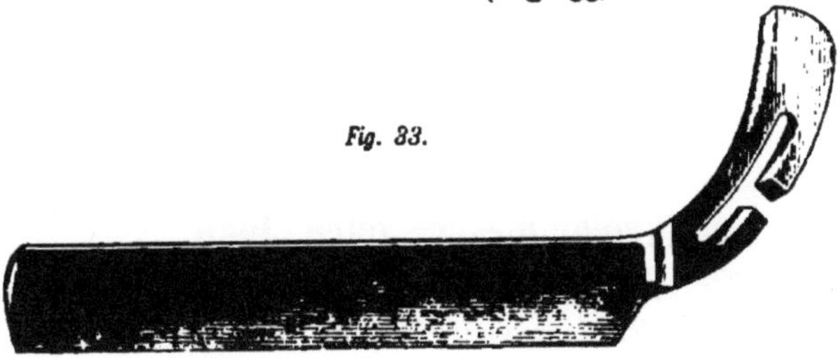

Fig. 33.

149	Messer für Mikrotom X, Länge der Schneide ca. 36 cm	60.—
150	,, ,, ,, I, ,, ,, ,, ,, 24 ,,	30.—
151	,, ,, ,, II, ,, ,, ,, ,, 16 ,,	19.—
152	,, ,, ,, III, ,, ,, ,, ,, 12 ,,	12.50

mit Etui

NB. Kleinere Messer sind wohl für grössere Instrumente brauchbar, aber nicht umgekehrt. Die Messer nach Thoma werden stets einzeln in Etuis geliefert, wenn nichts anderes vereinbart ist.

Abziehvorrichtung für Messer nach Thoma
Drahtform (Fig. 34).

Fig. 34.

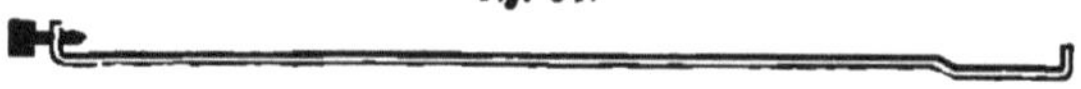

153	Länge 36 cm	2.—
154	,, 24 ,, ...	1.80
155	,, 16 ,, ...	1.50
156	,, 12 ,, ...	1.20

Fig. 35.

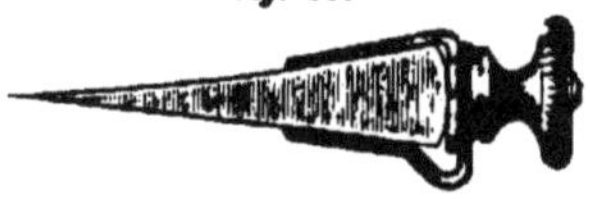

dto. neue Form, enger und weiter zu stellen (Fig. 35).

157	Länge 36 cm	4.—
158	,, 24 ,, ...	3.—
159	,, 16 ,, ...	2.50
160	,, 12 ,, ...	2.—

Mikrotommesser nach Jung

plankonkav zum Gebrauch in einem Messerhalter, mit cylindrischem Stiel in Griff No. 186 passend (Fig. 36).

Fig. 36.

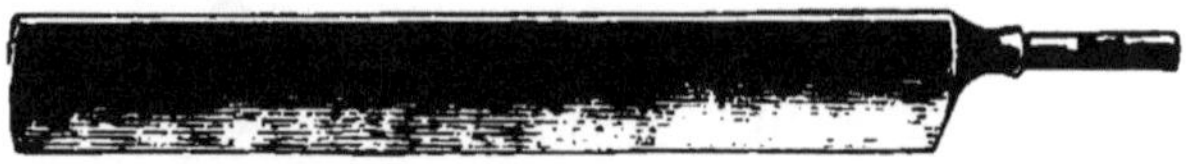

161	Länge der Schneide 30 cm	25.—	
162	,, ,, ,, 24 ,, ...	20.—	ohne Etui
163	,, ,, ,, 20 ,, ...	16.—	
164	,, ,, ,, 17 ,, ...	11.—	
165	,, ,, ,, 12 ,, ...	8.—	
166	,, ,, ,, 8 ,, ...	6.—	

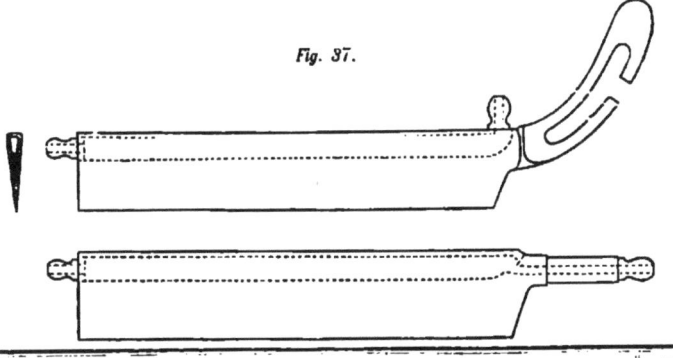

Fig. 37.

Kühlmesser nach A. Stoss

mit durchgehendem Hohlraum zur Abkühlung durch Luft oder Wasser, Form Thoma oder Jung, 50 % teurer wie die gewöhnlichen derselben Form und Grösse (Fig. 37).

Etuis für die Messer nach Jung.

Fig. 38.

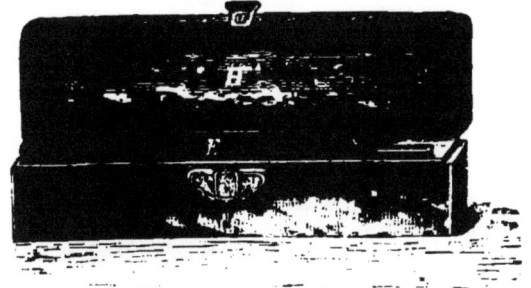

Lauf. No.									Mark
167	Für 4 Messer von 30 cm Länge oder 30 cm und kürzere								5.—
168	„ 4	„	„ 24 „	„	„ 24 „	„	„		5.—
169	„ 4	„	„ 20 „	„	„ 20 „	„	„		3.50
170	„ 4	„	„ 17 „	„	„ 17 „	„	„		3.—
171	„ 2 od. 3 „		„ 17 „	„	„ 17 „	„	„		2.80
172	„ 2 „ 3 „		„ 12 „	„	„ 12 „	„	„		2.50
173	„ 2 „ 3 „		„ 8 „	„					2.20

NB. Etuis für mehr als 4 Messer oder für andere Zusammenstellungen, auch zur Aufnahme anderer Teile, z. B. Abziehvorrichtung, Griff, Messerhalter u. s. w., werden nach Zeichnung oder Angabe in sorgfältigster Ausführung geliefert.

Abziehvorrichtung für die Messer nach Jung,
ältere Konstruktion, Röhrenform (Fig. 39).

Fig. 39.

Lauf. No.		Mark
174	Länge 30 cm	2.50
175	„ 24 „	1.80
176	„ 20 „	1.60
177	„ 17 „	1.40
178	„ 12 „	1.20
179	„ 8 „	1.—

dto. neue Form, enger und weiter zu stellen (Fig. 40).

Fig. 40.

180	Länge 30 cm	3.50
181	„ 24 „	3.—
182	„ 20 „	2.70
183	„ 17 „	2.50
184	„ 12 „	2.—
185	„ 8 „	1.80

Fig. 41.

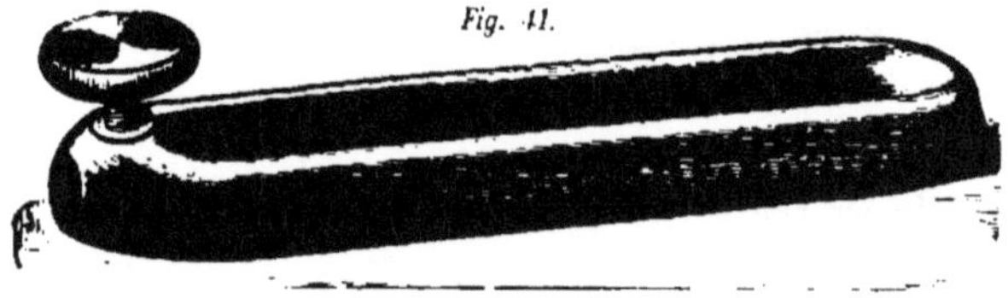

186	**Vernickelter Griff** zum Abziehen für die Messer nach Jung (Fig. 41)	3.—

Fig. 42.

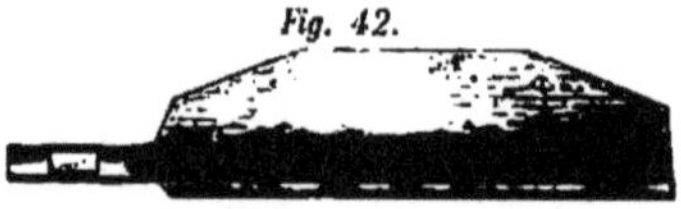

187	**Messer** für die Schaukelmikrotome, beiderseits konkav, 6 cm Schneide (Fig. 42)	6.—
188	**Etui** für 3 Messer No. 187	2.50

R. JUNG, HEIDELBERG.

Lauf. No.		Mark
189	**Gefriermikrotom-Messer** mit feststehendem Ebenholzgriff, beiderseitsplan, in Etui (s. Fig. 27)	7.—
190	**Hobelmesser** für die kleinen Mikrotome No. 117, 118, 119 (s. Fig. 26)	2.50
191	**Etui** für 4 Stück Hobelmesser	2.—
192	**Griff** zum Schleifen und Abziehen der Hobelmesser	3.—
193	**Schützer** für Mikrotommesser mit frei hervorragenden Enden, um Verletzungen der Hände zu verhindern .	—.30

Messer zum Freihandschneiden.

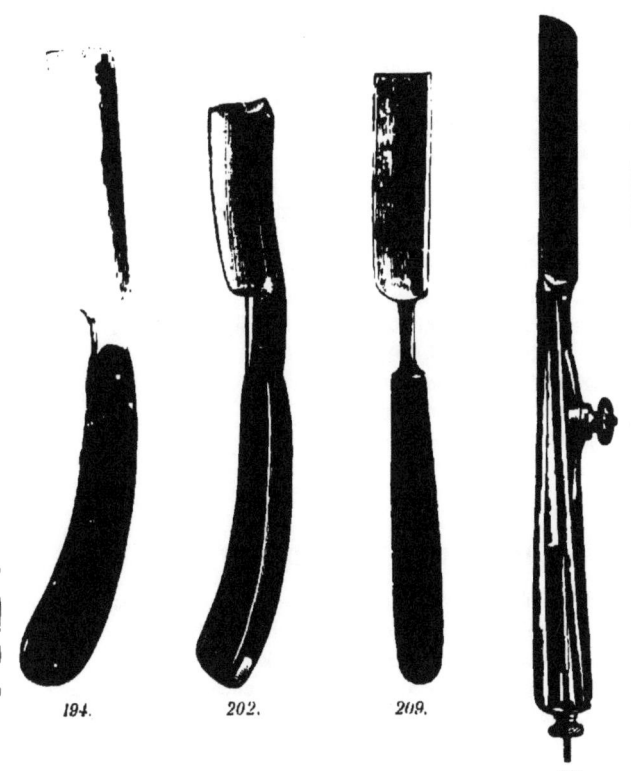

194.   202.   209.

211.

Lauf. No.		Mark
	Rasiermesser für Augendurchschnitte, zum Feststellen mit Ebenholzschalen, dünnem Rücken, beide Seiten plan	
194	12 cm Schneide (Fig. 194)	8.—
195	10 „ „	7.—
196	8 „ „	6.—
	Rasiermesser, plankonkav, zum Feststellen	
197	10 cm Schneide	7.—
198	8 „ „	6.—
199	8 „ „ schmal, Wiener Form	5.—
	Rasiermesser plankonkav,	
200	10 cm Schneide	5.—
201	8 „ „	3.50
202	**Rasiermesser**, plankonkav, sehr stark, für Botaniker (zum Schneiden für Sumpfeiche, Elfenbeinnuss, Phytelephas malyocarpa) 8 cm Schneide (Fig. 202)	5.—
203	dto. beide Seiten schwach konkav 8 cm Schneide	5.—
204	**Rasiermesser**, gewöhnliche Sorte	1.50
205	dto. schwach konkav	2.—
206	dto. „ „	3.—
207	dto. „ „ bestes englisches Fabrikat	4.50
208	**Etuis** für Rasiermesser	0,20-0,50
209	**Messer** mit festem Griff für mikroskopische Schnitte (Fig. 209)	6.—
210	dto. nach Thanhoffer, mit Wasserspülung	14.—
211	**Doppelmesser** mit parallel stehenden Klingen, neue Konstruktion nach W. Walb (Fig. 211)	16.—
212	**Doppelmesser** nach Valentin	10.50
213	„ „ Bornhagen	10.50
214	**Holzkästchen** für Doppelmesser	1.—

Abziehsteine und Streichriemen.

215	**Abziehsteine** für Mikrotommesser, gelbe, belgische, beste Sorte, ungefähr 25×5,5 cm Oberfläche mit Blechkasten und Spritzkännchen für Oel oder Seifenwasser	14—20
216	dto. ungefähr 20×4 cm Oberfläche, auch für Rasiermesser	10—14
217	dto. für Skalpelle, je nach Grösse	2.50—6
	(Ein einheitlicher Preis lässt sich für die belgischen Steine nicht festsetzen, da dieselben in Grösse und Güte nie gleich zu haben sind.)	

Lauf. No.		Mark
218	Arkansas-Abziehsteine für grössere Messer und Skalpelle je nach Grösse	3—15

220.

223.

219	Streichriemen, Heidelberger Form, einseitig, mit gepolsterter Unterlage, 30 cm lang	4.—
220	dto. 36 cm lang (Fig. 220)	5.—
221	dto. zum Anschrauben an den Tisch	7.—
222	Streichriemensalbe hiezu (rot)	—.50
223	Streichriemen von Zimmer in Berlin, vierseitig zu benützen, grosses Modell, ca. 23 cm lang (Fig. 223)	4.50
224	dto. kleines Modell, ca. 21 cm lang	3.75
225	Streichriemensalbe hiezu (rot u. schwarz)	1.—

Einzelne Instrumente zum Präparieren.

226	Nadel in Ebenholzheft, rund, gewöhnlich (Fig. 226)	—.30
227	dto. lanzenförmig	—.60
228	dto. rund, fein (Fig. 228)	—.80
229	dto. gebogen, spitz (Fig. 229)	—.90
230	dto. „ stumpf, zum Abnehmen der Schnitte . .	—.90
231	dto. lanzenförmig (Fig. 231)	1.—
232	dto. halblanzenförmig (Fig. 232)	1.—
	Nadeln No. 228 bis 232 von Nickelin haben den gleichen Preis wie von Stahl. Nadeln von Platin-Irridium richten sich im Preis nach dem jeweiligen Wert des Metalls.	
233	Nadelhalter mit Schraubenklemme (Fig. 233)	1.—
234	1 Brief runde Nadeln zum Einstecken in No. 233	—.20
235	Lanzenförmige und halblanzenförmige Nadeln zum Einstecken in No. 233 . . . . das Stück	—.30

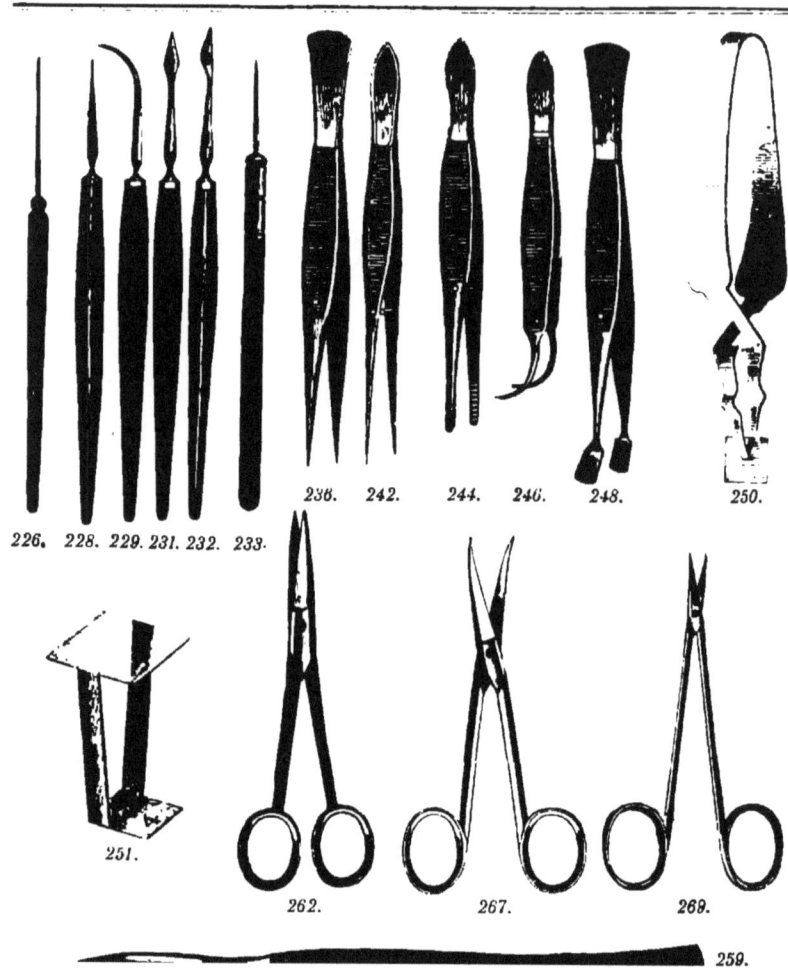

226. 228. 229. 231. 232. 233. 236. 242. 244. 246. 248. 250. 251. 262. 267. 269. 259.

Lauf. No.		Mark
	Pinzette mit glatten Spitzen	
236	12 cm lang von Stahl (Fig. 236)	1.40
237	12 „ „ „ Nickelin	1.75
238	10 „ „ „ Stahl	1.30
239	10 „ „ „ Nickelin	1.65
240	8 „ „ „ Stahl	1.20
241	8 „ „ „ Nickelin	1.50
242	**Pinzette** mit feinen gerieften Spitzen, Stahl (Fig. 242) . . .	1.30
243	„ „ „ „ „ Nickelin	1.65
244	„ mit breiten gerieften Enden, Stahl (Fig. 244) . . .	1.30
245	„ „ „ „ „ Nickelin	1.65
246	„ gebogen, mit glatten oder gerieften Spitzen, Stahl (F. 246)	2.—
247	„ „ „ „ „ „ „ Nickelin . .	2.30
248	„ zum Fassen der Deckgläschen, nach Kühne, Nickelin (Fig. 248)	1.50
249	„ zum Halten der Deckgläschen beim Färben der Präparate, von Nickelin	2.—
250	„ nach Cornet (Fig. 250)	1.85
251	**Einfacher Deckglashalter** nach Dr. O. Zoth in Graz, mit Nummern, von Nickelin (Fig. 251) . . . . 10 Stück	2.—
252	**Pinzette** von Buchsholz für Weingeistpräparate, 30 cm lang .	1.50
253	„ „ Stahl	2.50
254	„ „ Nickelin	3.—
255	„ „ Stabilit, 30 cm	5.—
256	„ „ „ 24 „	3.—
257	„ „ „ 18 „	2.—
258	„ „ „ 14 „	1.50
259	**Skalpell**, mittelspitz, schmal, 3 cm Schneide (Fig. 259) . . .	1.—
260	„ „ „ 2½ cm „	1.—
261	„ „ „ 2 cm „ ganz fein	1.—
262	**Scheere**, gerade, vernickelt (Fig. 262)	1.—
263	„ gebogen „	1.25
264	„ gerade, fein	1.50
265	„ von englischem Stahl	2.20
266	„ „ Nickelin	4.—
267	„ gebogen, vernickelt (Fig. 267)	1.75
268	„ von englischem Stahl, vernickelt	2.50
269	„ gerade mit langen Griffen u. sehr feinen Spitzen (F. 269)	2.50
270	„ gebogen „ „ „ „ „ „ „ . . .	3.—

Lauf. No.		Mark
271	**Kniescheere**	3.50
272	„ von Nickelin	4.50
273	**Schnittfänger** von Nickelin, mit Ebenholzheft, gerade, 3½ cm breit, (F. 273) .	1.50
274	„ „ „ „ „ „ 2 cm breit .	1.—
275	„ „ „ „ „ „ 1 „ „ .	—.85
276	„ „ „ „ „ gebogen, 3 mm breit	1.—
277	„ „ „ „ doppelt „ „ 10 u. 5 „ „ (F. 277) .	2.—
278	„ doppelt, ganz Nickelin, gebogen mit flachem Stiel, 10 u. 5 mm breit	—.80
279	**Schnittfänger**, doppelt, ganz Nickelin, gerade mit rundem Stiel, 10 u. 20 mm breit	1.50
280	**dto.** nach Born (Fig. 280)	2.—
	NB. Schnittfänger aus Platina werden in jeder Grösse angefertigt. Der Preis richtet sich nach dem Gewicht und dem jeweiligen Wert des Metalls.	
281	**Glasstab**	—.10
282	„ mit eingeschmolzenem Platindraht	1.10

Präparier-Bestecke.

283	**Eine Ledertasche**, enthaltend: 1 gerade gewöhnliche Scheere, 1 Pinzette, 1 runde gew. Nadel, 1 lanzenförmige Nadel, 1 Skalpell (Fig. 283)	5.30
284	**Ein weisses Holzkästchen**, enthaltend: 1 gerade gew. Scheere, 1 Pinzette, 1 Skalpell, 1 runde Nadel, 1 lanzenförmige Nadel, 1 Schnittfänger	6.—
285	**Ein weisses Holzkästchen**, enthaltend: 1 gerade vernickelte Scheere, 2 Pinzetten, 1 runde Nadel, 1 lanzenförmige Nadel, 2 Skalpelle, 1 Schnittfänger (Fig. 285)	9.—
286	**Ein Lederetui mit Samt**, enthaltend: 1 runde Nadel, 1 gebogene Nadel, 1 lanzenförmige und halblanzenförmige Nadel, 1 Skalpell, 1 Pinzette, 1 feine gerade Scheere, 1 feine gebogene Scheere, 1 Glasstab	10.—
287	**dto.** und mit gew. Rasiermesser (Fig. 287)	13.—

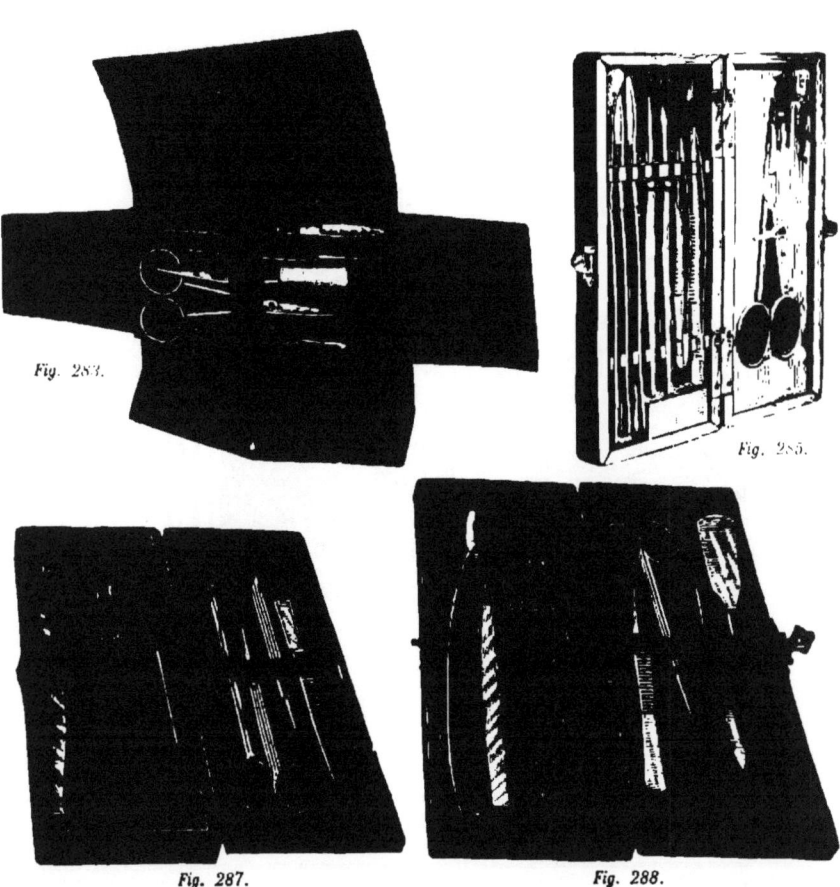

Fig. 283.

Fig. 285.

Fig. 287.   Fig. 288.

Lauf. No.		Mark
288	**Ein Lederetui mit Samt**, enthaltend: 1 Rasiermesser, 1 runde Nadel, 1 gebogene Nadel, 1 lanzenförmige und 1 halblanzenförmige Nadel, 2 Skalpelle, 1 Pinzette mit glatten und eine mit gerieften Spitzen, 1 Schnittfänger, 1 gerade feine Scheere (Fig. 288)	17.50

NB. Andere Zusammenstellungen, wie vorstehende, werden nach Angabe zu entsprechenden Preisen geliefert.

Trockenöfen, Wasserbäder, Brenner etc.

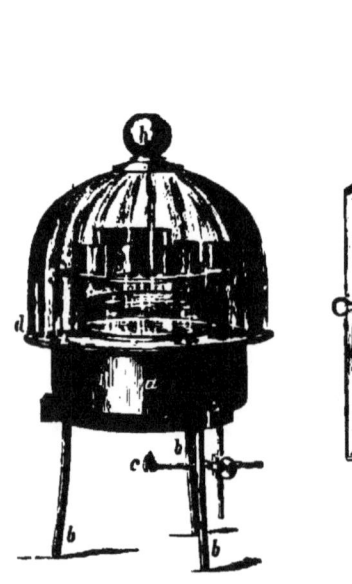
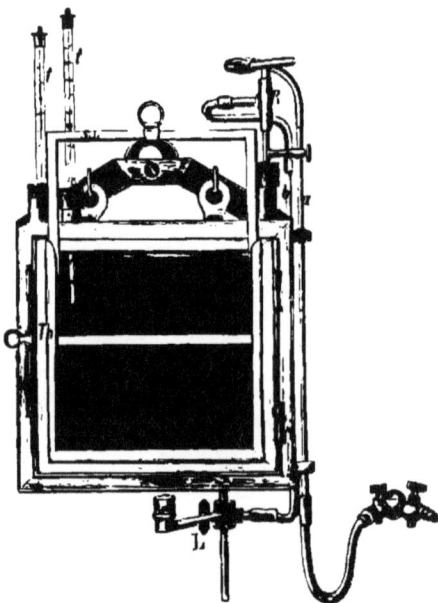

Fig. 289.   Fig. 291.

Lauf. No.		Mark
289	**Apparat** zum Härten von Einbettungsmassen in Alkoholdämpfen (Fig. 289)	22.—
290	**Pappkästchen**, 10 Stück verschiedener Grösse	—.50
	Trockenofen, Heidelberger Modell, aus starkem Kupferblech mit doppelten Wänden, die Zwischenräume mit Wasser zu füllen, mit gelochten Einlegeplatten und Glasschieber, mit Eisenrahmen an die Wand zu hängen, oder Stativ auf den Tisch zu stellen, mit Gaszuleitungsröhren und vernickeltem Mikrobrenner nebst Glimmercylinder. Ohne Gummischläuche (Fig. 291) [Thermometer, Regulator, Schläuche u. s. w. s. No. 313—324].	

Lauf. No.		Mark
291	Grösse des Ofens 38 cm lang, 25 cm breit und 30 cm hoch	50.—
292	26 „ „ 18 „ „ „ 24 „	35.—
293	**Trockenofen** ohne Glasschieber mit 4 Füssen, 15 cm in jeder Richtung	18.—
294	18 cm lang, 13 cm breit und 13 cm hoch	22.—
295	25 „ „ 15 „ „ „ 15 „ „	27.—
296	mit Wasserstandsrohr, mehr.	4.—
297	„ Abflusshahn, mehr.	3.—
298	„ 2 Abteilungen mehr	10 u. 12
	Trockenofen nach Rohrbeck aus starkem Kupferblech, mit kontinuierlichem Luftzug, Wasserstandsrohr, Abflusshahn und doppelwandiger Thür zur Aufnahme von Chlorcalcium.	
	Innere Masse 25,3 cm lang, 17,5 cm breit, 17,5 cm hoch	
	äussere „ 29 „ „ 20 „ „ 22,5 „ „	
299	mit Oefen zum Aufhängen	45.—
300	„ Vierfuss	47.—
	Sterilisierungsapparate siehe Preis-Verzeichnis für Ophthalmologische Instrumente und Apparate.	

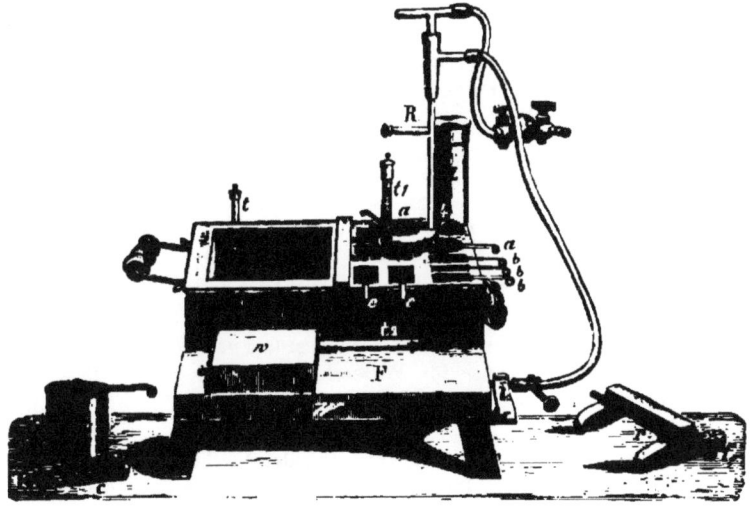

Fig. 301.

Lauf. No.		Mark
301	**Wasserbad** für Paraffineinbettung nach Angabe der zoologischen Station in Neapel mit kleinem Wasserbad, 1 Schieblade für Objektträger, Mikrobrenner, Quetschhahn und den nötigen Gefässen (ohne Thermometer, Regulator und Gummischlauch). Siehe No. 314—322 . . .	60.—
302	dto. kleiner, mit weniger Gefässen und ohne kleines Wasserbad, Schieblade und Quetschhahn	30.—
303	**Grosses Wasserbad** für Paraffineinbettung nach A. Kolossow, für 3 konstante Temperaturen, mit Gefässen für eine grössere Anzahl Objekte (s. Zeitschrift für wissenschaftliche Mikroskopie XI. 154)	200.—
	Leuchtgasbrenner nach Bunsen, sorgfältig justiert, mit 1 Rohr	
304	ohne Regulierung des Luftzutritts	2.20
305	mit Regulierung des Luftzutritts mehr	—.50
306	„ Stern und Schornstein „	—.80
307	„ Einrichtung zum Aufstecken auf die Gabel der Träger, mehr	—.80
308	**Leuchtgasbrenner** nach Bunsen mit 3 Röhren und Schornstein, ohne Regulierung des Luftzutritts	4.50
309	dto. mit Regulierung des Luftzutritts	5.—
	Vorstehende Brenner werden auch vernickelt geliefert und kosten das Stück 40% mehr.	
310	**Mikrobrenner**, Neapler Form, für Wasserbäder (siehe Fig. 301)	4.50
311	dto. stehende Form, mit Glimmercylinder und Träger vernickelt	6.—
	NB. Vorstehende Mikrobrenner, welche keiner Regulierung des Luftzutritts bedürfen, geben eine Flamme von der Grösse des entsprechenden Bunsenbrenners und brennen aber auch noch bei ganz geringer Gaszuströmung, ohne herunterzuschlagen. Dieselben eignen sich deshalb besonders zum Gebrauch in Verbindung mit Gasregulatoren zum Erzielen einer konstanten Temperatur.	
312	**Glimmercylinder** für Brenner	-.40-1.-
313	**Thermometer** für Trockenöfen mit Milchglasskala von 20 bis 100 C	2.60
314	dto. etwas kleiner für Wasserbäder von 10 bis 100 C	2.40
315	**Thermoregulatoren** nach Reichert für Trockenöfen (Fig. 315)	6.50
316	dto. „ Wasserbäder	6.—
317	dto. nach Jung, mit Capillarröhrchen, um das Ausgehen der Flamme zu verhindern, für Trockenöfen	7.—
318	dto. für Wasserbäder (Fig. 318)	6.50

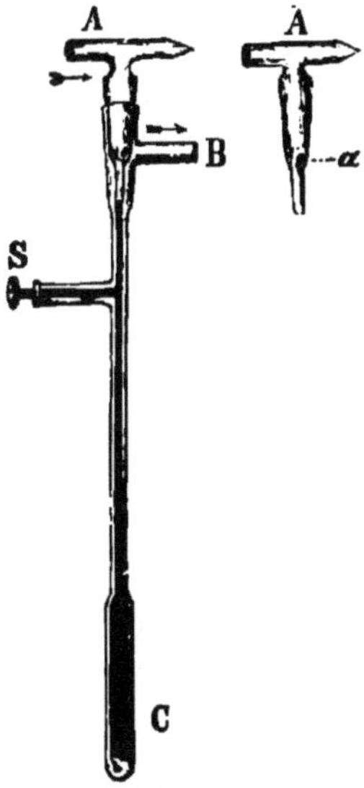

R. JUNG, HEIDELBERG. 43

Fig. 315.  *Fig. 318.*

Lauf. No.		Mark
319	Gummischlauch für Bunsenbrenner, weiss, 1 Meter	1.30
319a	dto. für Mikrobrenner und Thermoregulatoren, rot, beste Qualität, 1 Meter	—.90
320	Verbindungsstück für dicke und dünne Schläuche, das Stück	—.50
321	Quetschhähne nach Bunsen, mit 2 Schrauben, zum Oeffnen, das Stück	—.80
322	dto. nach Hoffmann, mit seitlichem Gelenk	—.70
323	dto. Neapler Form, vernickelt	—.50
324	dto. Amerikanische Form mit Schraube	—.50
	Vorstehende Quetschhähne, solid vernickelt, das Stück mehr	—.20
	Einbettungsrähmchen in der Länge verstellbar, aus Rotguss und vernickelt, innere Masse:	
	Länge Breite Höhe	
325	I 60 36 32	5.—
326	II 45 28 24	4.50
327	III 32 20 17	4.—
328	IV 28 16 15	3.50

Lauf. No.		Mark
	Einbettungsmassen, Oele, Chemikalien.	
329	**Paraffin**, reinstes, Schmelzpunkt von 42—60 . . das Kilo	3.—
330	dto. in Tafeln von ca. 100 gr . . . . . das Stück	—.50
	Fächerkasten für Paraffinklötze siehe Seite 56.	
331	**Celloidin** von Schering: 1 Tafel von 170 gr, enthaltend 40 gr trockene Wolle	3.50
332	**Knochenöl**, säurefreies, zum Schmieren der Mikrotombahnen (nach Bedürfnis mit Petroleum zu verdünnen), die Flasche	—.50
333	dto. feines, zum Schmieren feiner Instrumententeile wie Mikrometerschrauben u. s. w. . . . das Fläschchen	—.80
334	**Rostschutzöl** für Mikrotombahnen und Messer . die Flasche	—.50

NB. **Farbstoffe, Reagentien u. s. w.** aus besten Bezugsquellen (Grübler, Leipzig) zu den billigsten Preisen.

Glasgegenstände zur Anfertigung mikroskopischer Präparate.

1. Deckgläschen aus englischem Kronglas.

Stärke: a = 0,18—0,25 mm, b = 0,14—0,17 mm, c = 0,10—0,13 mm.

NB. Deckgläschen werden auch in jeder anderen Durchschnittsdicke geliefert.
Unter 0,10 mm Stärke etwas höhere Preise.
Preise für das Hundert in Schachteln zu je 50 Stück:

Laufende No.	mm	Mark	mm	Mark	mm	Mark
335	10	—.60	9 × 14	1.—	10	—.50
336	11	—.70	10 × 15	1.20	11	—.70
337	12	—.80	12 × 18	1.40	12	—.80
338	13	1.—	16 × 22	2.20	13	—.90
339	14	1.20	18 × 27	3.—	14	1.—
340	15	1.30	19 × 24	2.60	15	1.20
341	18	1.80	20 × 25	2.80	18	2.20
342	20	2.20	21 × 26	3.20	20	2.60
343	22	2.50	24 × 32	4.80	22	3.40
344	24	3.50	24 × 46	6.—	24	4.75
345	30	5.—	25 × 50	7.10	30	6.50
346	35	6.45	30 × 40	6.50	35	7.50
347	40	8.80	40 × 60	13.50	40	9.50

Alle andern Grössen zu entsprechenden Preisen.

348 **Deckgläser** aus 0,7—0,8 mm starkem weissem Glas für Gehirnschnitte u. s. w.

	a	b	c	d	e
Grösse	40 × 80	70 × 70	70 × 80	80 × 100	100 × 100
Mark	5.50	6.—	7.—	10.—	12.—

	f	g	h
Grösse	100 × 120	150 × 200	200 × 200
Mark	15.—	40.—	45.—

2. Objektträger.

Bei Bestellung genügt die Angabe der laufenden Nummer und des Buchstabens.

Preis für 100 Stück:

Lauf. No.	Bezeichnung	Grösse in mm	a halbweisses Glas, ungeschliffen Mark	b weisses Glas, ungeschliffen Mark	c rein weisses Salinglas mit geschliff. Kanten Mark	d ff. weisses Spiegelglas mit polierten Kanten Mark
349	Giessener oder Vereinsformat	48 × 28	—. 75	1. 50	2. 20	6. 50
350		62 × 32	—. 95	1. 60	2. 50	6. 70
351	Wiener Format	65 × 25	—. 90	1. 55	2. 40	6. 70
352		65 × 36	1. —	1. 60	2. 50	6. 80
353		70 × 30	1. —	1. 60	2. 50	6. 80
354		70 × 35	1. 10	1. 70	2. 60	7. —
355	gew. engl. Format	76 × 26	1. —	1. 50	2. 45	6. 70
356	gross „ „	76 × 40	1. 50	2. —	3. —	7. 50
357		80 × 38	1. 60	2. 40	3. 50	8. —
358		87 × 37	1. 80	2. 80	4. —	9. —
359		90 × 40	2. —	3. 20	4. 50	9. 50
360		100 × 50	2. 50	3. 80	5. 20	10. 50

Objektträger c und **d** mit mattirten Enden = M. 1.— teurer. (Siehe Seite 55.)

3. Objektträger für grosse Objekte (Gehirnschnitte).

No.	Grösse	a	b	c
361	100 × 70	3. 20	4. 65	6. 50
362	100 × 100	4. 90	6. 25	9. —
363	120 × 80	5. —	6. 25	10. —
364	150 × 80	5. 60	7. 50	11. 50
365	200 × 100	8. 75	14. —	19. 50
366	250 × 200	31. 60	34. —	52. —
367	300 × 300	38. —	65. —	94. —

Andere Grössen werden nach Angaben zu entsprechenden Preisen geliefert.

4. Objektträger mit Ausschliffen, Kammern, Zellen u. s. w.

Lauf. No.		Mark
368	**Objektträger** mit konkavem Ausschliff, Format 76 × 26. Durchmesser des Ausschliffs 8 10 12 15 18 20 30 mm — das Stück 10 10 10 15 20 25 50 Pf.	
369	dto. aus rotem Glas, Kanten und Ausschliff weiss, kosten das Doppelte.	
370	**Objektträger** nach Soyka mit 2 konkaven Ausschliffen . . .	—.40
371	dto. „ „ „ 3 „ „	—.50
372	dto. „ „ „ 8 „ „ . . .	1.—
373	dto. mit einem runden Loch in der Mitte	—.25
374	dto. mit konkavem Ausschliff und Rinne	—.30
375	dto. mit ringförmigem Ausschliff	1.—
376	dto. mit aufgesetzter Zelle	—.35
377	dto. mit aufgesetztem Ring	—.35
378	dto. mit 30 mm weitem, ringförmigem Aufsatz u. grossem Mittelstück	3.—
379	dto. nach Ranvier mit Ring und Mittelstück. . . . Der Rand steht über das Mittelstück empor und der über diesem befindliche Raum von 0,1 mm dient als Zählkammer.	1.—
380	**Feuchte Kammer** nach Fritsch zum Durchleiten von Gasen .	1.50
381	dto. mit Glasgefäss für Pyrogal. zur Absorption von Sauerstoff	2.50
382	dto. aus einem Glasklotz mit 4 metallenen Gaszuleitungsröhren bestehend	1.—
383	dto. nach Fr. Wilh. Schulze . . . . Die Rinne der Glasplatte dient zur Aufnahme der Fadenalgen, welche den Infusorien den zum Leben erforderlichen Sauerstoff zuführen. Ueber den Ausschliff der Deckplatte wird das Deckgläschen gelegt, das unten den Wassertropfen mit dem Objekt trägt.	—.75
384	**Feuchte Kammer** nach Recklinghausen	—.80
385	**Elektrische Kammer** mit 2 Röhren und Platindraht	2.50
386	„ „ nach Schöbelt	2.—

5. Zellen, Glasplatten, Glasklötze u. s. w. Glasringe (feuchte Kammern).

Lauf. No.		Mark
387	**Zellen** von 0,1 mm dickem Glas, 10 mm weit, p. 10 Stück	5.—
388	dto. 0,2 „ „ „ 10 „ „ „ 10 „	3.—
389	dto. 0,3 „ „ „ 10 „ „ „ 10 „	2.—
390	dto. 0,4 „ „ „ 10 „ „ „ 10 „	1.50
391	dto. aus Hartgummi, 3 mm hoch, 17 mm weit, 10 Stück	1.50
392	dto. „ „ 2 „ „ 12 „ „ 10 „	1.20
393	dto. „ Messing 20 „ Durchm. 1½ mm hoch, 10 Stück	—.50
394	dto. „ „ 15 „ „ 1½ „ „ 10 „	—.40
	Andere Grössen nach Angabe zu entsprechenden Preisen.	
395	**Glasringe** (feuchte Kammern) zu Objektträgern, fein plan und parallel abgeschliffen, 14 mm hoch, Durchmesser 17 mm, 23 mm und 30 mm, 10 Stück gleiche	2.—
396	**Platten** von weissem Salinglas mit abgeschliffenen Rändern zum Ausgiessen der Gelatine.	

     a   b   c
Grösse 120 × 90 130 × 80 130 × 100 4 mm hoch
10 Stück 1.— 1.20 1.50

| 397 | —.80 —.90 1.— von grünl. Glas. |
| 398 | **Platten** von Milchglas mit geschliffenen Rändern. |

     a   b
Grösse 130 × 80 200 × 100
das Stück —.40 —.60

399	**Glasbänke** mit angekitteten Füssen . . . . . das Stück	—.25
400	dto. aus einer Glasplatte gebogen . . . . „ „	—.30
401	**Glasleisten** zum Aufschichten der Giessplatten per 10 Stück	—.50

☐ **Glasklötze** (Embryoschalen) aussen geschliffen, mit konkavem Hohlraum und Deckplatte.

Durchmesser des Hohlraums mm	a	b	c	d	e	f	g	h	i	k	l
	40	38	38	30	33	38	25	25	32	27	22
Tiefe des Hohlraums mm	18	16	14	15	10	14	12	10	8	6	3
	p.Stück M.	p.Stück M.	p.Stück M.	p.Stück M.	p.Stück M.	p.Stück M.	p.Stück M.	p.Stück M.	p.Stück M.	p.Stück M.	p.Stück M.
402 von weiss. Crystallglas, Hohlraum gepresst	.90			—.70			—.50	—.40	—.30		
403 von weiss. Spiegelglas, Hohlraum geschliffen							1.—		—.20	—.65	—.45
404 von schwarzem Glas, Hohlraum gepresst					—.60			—.50			
405 von schwarzem Glas, Hohlraum geschliffen		1.40	1.40			1.40					
406 von blauem Glas, Hohlraum gepresst	1.—			—.70			60.—	.50			

| 407 | **Tuschschalen** aus weissem Glas . . . . Mk. | —.25 |

6. Gläser, Schalen, Dosen, Flaschen u. s. w.

Präparatengläser, cylindrisch ohne Hals, mit Glasfuss und eingeschliffenem Glasstöpsel, hohe Form.
Bei 10 Stück 10% Rabatt.

408

	a	b	c	d	e	f	g	h	
Höhe	46	37	36	32	29	28	24	19	cm
Durchmesser	21	17	19	16	18	14	19	15	,,
das Stück	15	10	10	7	7	5	8	4	Mark.

409

	a	b	c	d	e	f	g	h	
Höhe	19	19	18	16	15	13	13	8	cm
Durchmesser	12	10	21	8	21	9	7	5½	,,
das Stück	2.50	2.—	8.—	1.50	5.50	1.50	1.50	1.—	Mark.

410 **dto.** mit weitem Hals und Stöpsel, ohne Fuss.

	a	b	c	d	e	f	
Höhe	16½	12	10½	9	7½	7	cm
Durchmesser	12½	12	11	10	8½	7	,,
Halsweite	10	10	9	8	6½	5½	,,
das Stück	2.50	1.75	1.60	1.25	1.—	0,90	Mark.

411 **dto.** mit weitem Hals und Deckelstopfen mit nach unten offenem Hohlraum (für Augen).

	a	b	c	
Inhalt	60	90	185	gr
das Stück	0,70	0,85	0,90	Mark.

412 **dto.** mit Fuss, breitem plangeschliffenem Rand und aufgeschliffener Spiegelglasplatte mit feiner Oeffnung zum Entweichen der Luft.

	a	b	c	d	e	f	
Höhe	35	43	48	50	75	85	cm
lichte Weite	24	28	33	12	13	15	,,
das Stück	12.—	15.—	19.—	5.—	7.—	14.—	Mark.

413 **Glasschalen**, geschweifte Form, für Präparate, mit aufgeschliffenem planen Deckel.

	a	b	c	d	e	f	g	
oberer Durchmesser	40	50	60	70	80	100	130	cm
das Stück	0,25	0,30	0,30	0,35	0,35	0,40	0,55	Mark

414 **Glasschalen**, gerade, Dosenform, mit übergreifendem Deckel.

	a	b	c	d	e	f	
Oberer Durchmesser	40	50	60	80	100	120	cm
das Stück	0,30	0,40	0,50	0,60	0,80	1.—	Mark

Lauf. No.		Mark

415	**Glasschalen** mit luftdicht aufgeschliffenem Deckel
	     a b c d e f
	  0,40 0,50 0,60 0,80 1,05 1,30 Mark	

416	Mit polirtem Deckel und Boden, für Augen, das Stück 25 % mehr.	

417	**Siebdosen** nach Steinach, bestehend aus 3 Dosen mit übergreifenden aufgeschliffenem Deckel und 1 Sieb.
	                        a b
	Durchmesser der Dosen 90 mm 70 mm
	         der Satz 4,50 4.— Mark	

418	einzelne Dose 1,20 0,90 „	

419	**Uhrgläser**, gewöhnliche Form, Rand abgeschliffen
	     a b c d e f
	    30 40 50 60 80 mm
	das Paar 12 15 17 24 36 Pfg.	

420	**Uhrglashalter** von Messingdraht, das Stück von 0,20 bis 1 Mark.	
421	dto. von Nickelin (säurebeständig) „ 0,30 „ 1,20 „	
422	**Porzellanplatte** mit runden Vertiefungen zur Aufnahme von Schnittserien mit 25 Zellen	5.—
423	dto. mit 64 Zellen	7.50
424	**Porzellangefäss** mit Leisten zur Verarbeitung aufgeklebter Schnittserien. Für 6 Objektträger, englisch Format . . .	1.50
425	**Glasgefässe** zur Verarbeitung umfangreicher aufgeklebter Schnittserien nach Prof. Jos. Schaffer in Wien für Objektträger von 76 × 36 und kleinere Formate passend (Zeitschr. für wissensch. Mikrosk. XI. 150) . . .	2.60
426	dto. nach R. Borrmann in Göttingen (Zeitschr. für wissensch. Mikrosk. XI. 459) Stativ mit Halter (ohne Glaskasten)	7.50
427	**Einzelner Glaskasten** 40 × 50 × 155 mm	1.25
428	62 × 100 × 155 „	1.40

429	**Runde Glasflaschen** für Flüssigkeiten, mit eingeschliffenem Glasstopfen.
	         a b c d
	Inhalt 10 30 60 100 gr
	    0,20 0,35 0,45 0,50 Mark	

430	dto. viereckige, a b Inhalt 50 100 ccm das Stück 0,45 0,50 Mark	
431	10 „ 4,— 4,50 „	

Lauf. No.		Mark

432	**Farbenfläschchen** mit eingeschliffener Pipette und Gummihütchen.
	                a b c
	      Inhalt 15 30 60 gr
	      das Stück 0,45 0,50 0,60 Mark	

433	**dto.** in poliertem Holzklotz eingelassen, je nach Zahl und Grösse . . . . Mk. 4.— bis	12.—

434	**Flaschen** für Canadabalsam mit aufgeschliffener Kappe und Glasstab, cylindrische Form.
	                a b c
	      Inhalt 15 30 60 gr
	      das Stück 0,55 0,60 0,70 Mark	

435	**Kobaltflaschen** mit aufgeschliffener Kapsel und nach unten verlängertem Glasstopfen.
	                a b c
	      Inhalt 15 30 60 gr
	      das Stück 0,55 0,70 0,90 Mark	

436	**Collodiumflaschen** mit eingeschliffenem hohlem Deckelstopfen und Pinsel. Inhalt 30 gr	0.60
437	**Dialysatoren** nach Fr. E. Schulze zum Entwässern mikroskopischer Präparate	2.85
438	**Senkcylinder** nach Fr. E. Schulze zum Uebertragen von Präparaten aus Alkohol in Canadabalsam	2.60
439	**Farbstifte** zum Schreiben auf Glas, ein Etui enthaltend je ein karmin, hellgelb, zinnober, ultramarin, braun, grün .	2.80
440	**Einzelne Farbstifte**, das Stück	0.35
441	**Diamant** zum Schreiben . . . . Mk. 3.50 bis	4.50
442	**dto.** zum Glasschneiden . . . . . „ 7.— „	15.—
443	**Etiquetten** per Bogen (54 Stück)	—.05
444	**dto.** „ Schachtel (100 Stück)	—.35
445	**dto.** 1000 Stück mit Namen des Auftraggebers . . .	4.—

Kasten, Mappen & Schränkchen zur Aufbewahrung mikroskopischer Präparate.

Die Preise gelten für englisches Format der Objektträger, mit ganz geringen Abweichungen aber auch für alle andern Grössen.

Fig. 446.

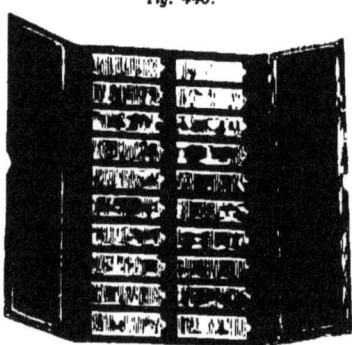

446	**Mappen** für 20 Objekte, mit flach gewölbten Decken, die Objekte sind durch Schutzstege getrennt (Fig. 446)	—.45
447	dto. ohne Schutzstege	—.35
448	**Sammelkasten** für 10 Mappen 446, solid in fester Pappe hergestellt, mit Ganzkaliko bezogen und mit Hakenverschluss. Um bequem an die Tafeln gelangen zu können, ist die Vorderwand zum Herunterklappen eingerichtet .	3.—

Fig. 449.

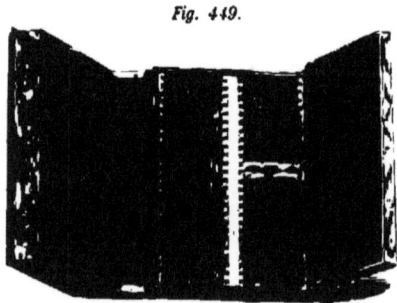

Fig. 453.

Lauf. No.		Mark
449	**Buchform** für 200 Objekte, 2 gegen einander zu setzen (Fig. 449)	5.—
450	„ „ 200 „ einzeln zu setzen	6.—
451	„ „ 100 „ 2 gegen einander zu setzen . . .	3.—
452	„ mit Samtkissen	3.50
453	„ für 100 Objekte, einzeln zu setzen (Fig. 453) . . .	3.50
454	„ „ 50 „ „ „ „ (Fig. 454) . . .	2.—

Fig. 455.

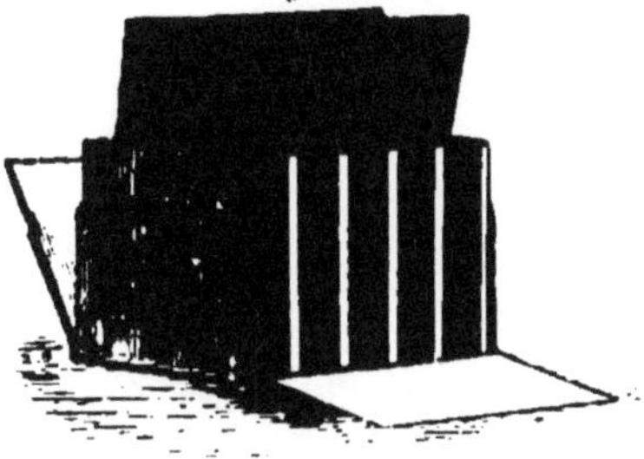

Fig. 454.

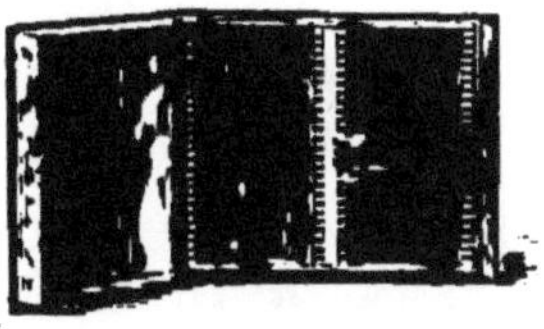

455	**Etuisform** für 200 Objekte, 2 gegen einander zu setzen, Kaliko mit Goldtitel, doppelseitig zu öffnen (Fig. 455) . . .	7.50
456	dto. für 100 Objekte, einzeln zu setzen, einseitig zu öffnen	6.—
457	dto. „ 540 „ „ „ „ doppelseitig zu öffnen, einfach von Holz	18.—
458	dto. elegant ausgestattet, mit vernickeltem Griff . . .	28.—

Fig. 465.

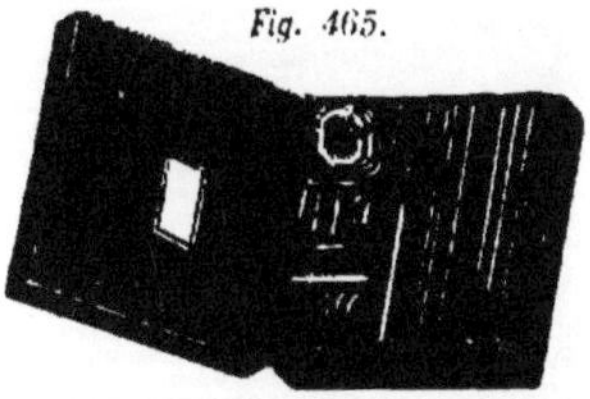

Fig. 463.

459	**Kastenform** mit Patentzahnleisten und Nummern. Für 100 Objekte einzeln zu setzen	2.20
460	**Taschenformat** zum Zusammenschieben mit Patentzahnleisten. Für 50 Objekte einzeln zu setzen	1.40
461	dto. Für 25 Objekte	—.80
462	**Taschenformat** zum Zusammenschieben mit Holzzahnleisten. Für 50 Objekte einzeln zu setzen	1.50
463	dto. Für 25 Objekte (Fig. 463)	—.80
464	dto. „ 12 „	—.60

Lauf. No.		Mark
465	**Taschenetuis** zum Handgebrauch, enthaltend 100 Stück Deckgläschen von 15 und 18 mm, Objektträger, Pinsel, Balsam und 1 Päckchen gummierte Etiquetten (Fig. 465)	4.50
466	dto. ungefüllt	1.50

Fig. 467.

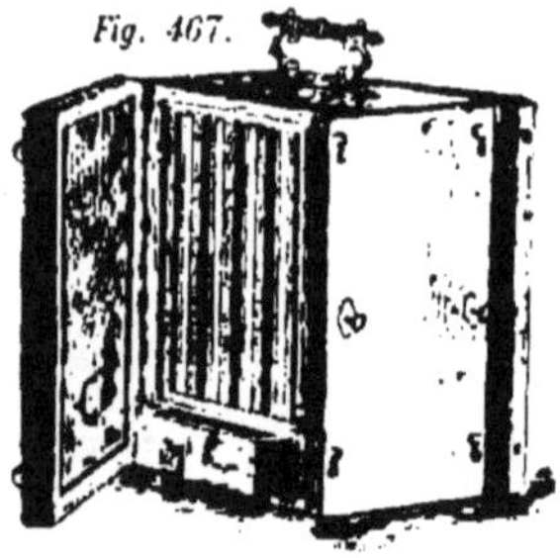

467	**Eichenholzschränkchen** mit Fournierleisten zum Einschieben von 500 Präparaten, doppelthürig, verschliessbar, mit Griff und gedrehten Holzfüssen (Fig. 467)	24.—

Fig. 468.

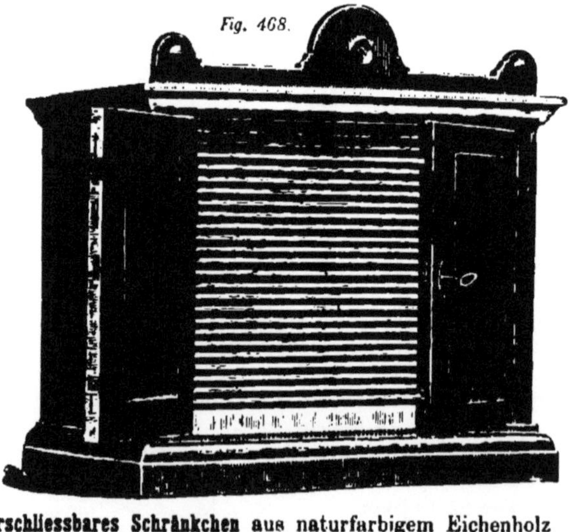

468	**Verschliessbares Schränkchen** aus naturfarbigem Eichenholz mit 25 Tafeleinlagen für 500 Objekte (Fig. 468) . .	60.—
469	dto. „ 50 „ „ 1000 „ .	100.—

NB. Die Preise der Schränkchen sind ohne Schubfächer berechnet. Für letztere lässt sich ein genauer Preis nicht angeben, weil die Anforderungen zu verschieden sind.

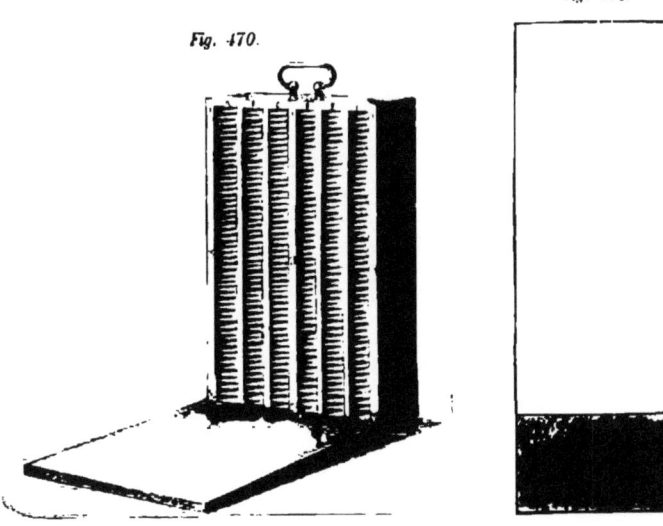

Fig. 470. Fig. 471.

Lauf. No.		Mark
470	**Registrierapparat** für mikroskopische Präparate, nach Dr. F. Schmidt, zum Aufbewahren von 300 Stück (Fig. 470). Jeder Behälter ist aussen am Handgriff mit einer römischen Zahl versehen, dagegen sind die inneren 6 Fächer mit lateinischen Buchstaben bezeichnet. Jedes dieser Fächer enthält 50 Rinnen, in welchen die Objektträger vollständig fixiert, im übrigen frei im Raume liegen, so dass eine Verschiebung oder gegenseitige Reibung ausgeschlossen ist. Die einzelnen Rinnen sind mit den Ziffern von 1—50 bezeichnet. Diese 3 Registrierzeichen (z. B. I. B. 20) sind auf den Objektträger zu schreiben und ferner in einem Registrierbuch zu verzeichnen, worin sämtliche Präparate nach dem gewünschten Gesichtspunkt geordnet sind	6.—
	<small>Um das Aufkleben der Papieretiketten zu vermeiden, liefern wir Objektträger mit mattierten Enden, auf welche sich die Registerzeichen und beliebige andere Notizen mit Tinte, Blei- oder Farbstift gut auftragen lassen.</small>	
	<small>Die Registrierapparate werden gewöhnlich für englisch Format, auf Bestellung auch für andere geliefert.</small>	
471	**100 Stück Objektträger** mit mattierten Enden, nach Dr. F. Schmidt (Fig. 471), englisch Format	4.—

Lauf. No.		Mark

Fig. 472.

472	Fächerkasten für Paraffinklötze von 2 cm für 100 Stück (Fig. 472)	4.50
473	200 „	7.50
474	300 „	10.—

Hilfsapparate zur Mikroskopie.

Lauf. No.		Mark
475	**Kompressorium** nach Schacht-Schulze	15.—
476	dto. „ H. Jung	30.—
477	**Luftpumpe** zur Entfernung der Luft aus mikroskopischen Präparaten nach Unger, bestehend aus Glasröhre mit Kolben	8.—
478	dto. nach Schacht zum Anschrauben von Gefässen	20.—
479	dto. „ Zeiss, verbesserte Konstruktion (Zeitschr. f. wissensch. Mikr. IX. B. 298)	65.—
480	**Deckglastaster**, einfache Konstruktion, Schraube mit Teilscheibe $1/_{200}$ mm angebend	12.—
481	dto. (von Zeiss), neuere Konstruktion, Dosenform mit Zange	36.—
482	**Drehscheibe** zur Anfertigung von Lackringen mit poliertem Holzfuss zum Auflegen der Hand	10.—
483	**Mikroskopierlampe** nach Dr. Lassar mit blauer Glasplatte zum Einlegen. Für Petroleum	16.—
484	dto. mit Stativ für Gas	20.—
485	dto. (von Zeiss) auf Messingstativ, in der Höhe verstellbar, mit Wasser gefüllte Glaskugel, welche als Sammellinse dient. Die Einrichtung giebt vorzüglich helles, weisses und ruhiges Licht	25.—
486	dto. für Auer'schen Brenner eingerichtet, ohne denselben	20.—
487	**Glaskugel** in Gestell allein	5.—
488	**Beleuchtungslinse** von 100 mm Durchmesser, auf Stativ nach allen Richtungen drehbar und in der Höhe verstellbar, mit Vorrichtung zum Einlegen farbiger Glasplatten	36.—
489	dto. 70 mm	30.—
490	**Farbige Glasplatten**, je nach Farbe und Grösse . . —.50 bis	1.80
491	**Mikroskopierschirm** nach Schewiakoff zur Beseitigung des Oberlichts, mit federnder Klemme am Tubus zu befestigen	6.—

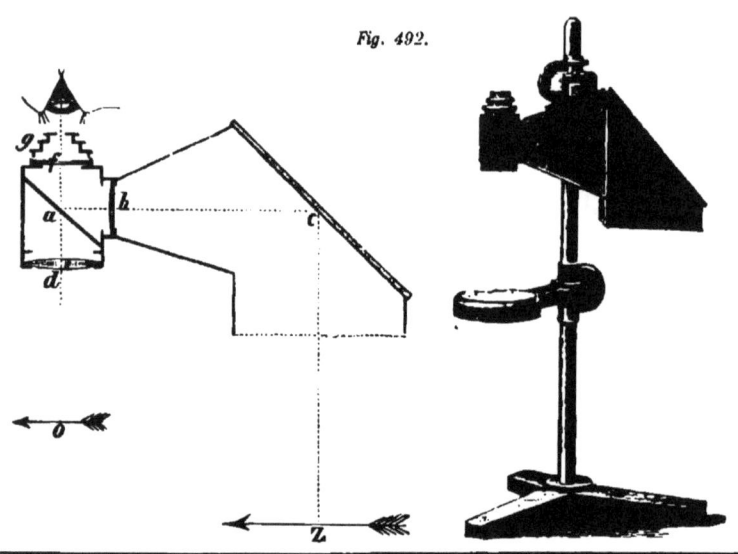

Fig. 492.

Lauf. No.		Mark
492	**Zeichenapparat** nach Thoma für schwache Vergrösserungen und Verkleinerungen (0—10fach) bei grossem Gesichtsfeld (Zeitschrift für wissensch. Mikr. 1888 S. 297) in verschliessbarem Kasten (Fig. 492)	145.—
	Projektionsapparat nach L. Edinger (von Leitz) auf poliertem Holzstativ, dessen Fussplatte als Zeichentisch dient, mit Sammellinse, Reflektionsspiegel, verschiebbarem Objekttisch und Lupenhalter. Liefert bei Gas- oder Petroleumlicht sehr schöne Bilder; ganz besonders aber bei elektrischem oder Sonnenlicht (Fig. 493)	
493	Mit 2 achromatischen Lupen, 5—10mal vergrössernd .	50.—
494	„ 3 „ „ 5—15 „ „ .	60.—
495	**Blutkörperzählapparat** nach Thoma (von Zeiss), bestehend aus einer Kammer von genau $1/10$ mm Tiefe, der Boden in 400 Quadrate von je $1/400$ qmm geteilt mit 2 geschliffenen Deckgläsern, in Etui (Fig. 495)	18.—
496	Hierzu genau kalibrierte **Mischpipette** für rote Blutkörperchen (1 : 100)	12.—
497	dto. für weisse Blutkörperchen (1 : 10)	14.—
498	Preis eines einzelnen Deckgläschens	—.75
499	**Blutkörperzählapparat** nach Miescher (von Zeiss)	36.—

Fig. 493.

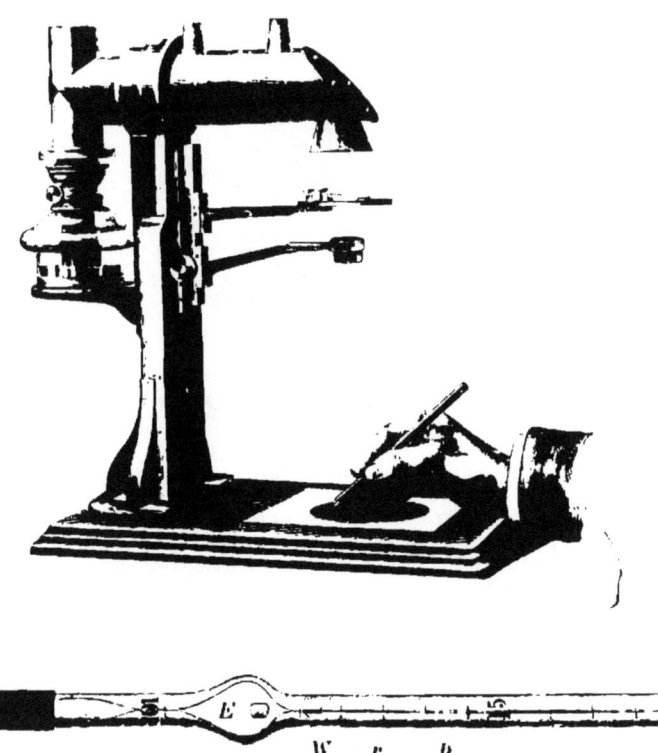

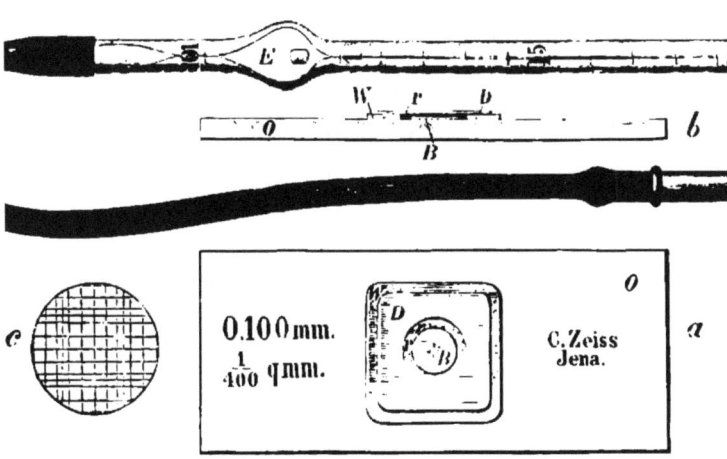

Fig. 495.

Lauf. No.		Mark

Fig. 500.

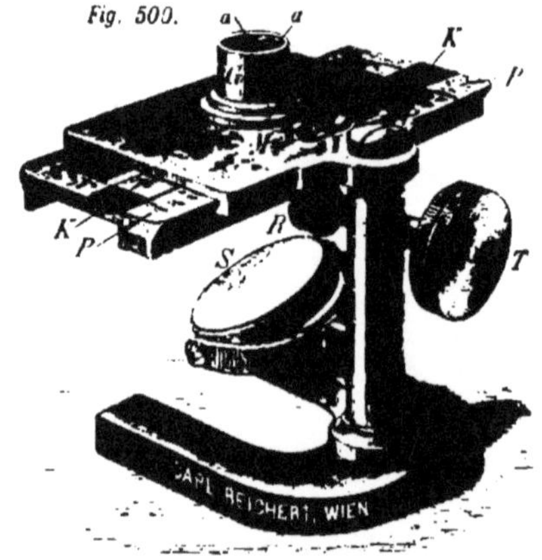

500	**Hämatometer** nach Prof. von Fleischl (von Reichert) zur Bestimmung der Hämoglobinmenge im Blute nach Prozenten, mit 4 Kapillaren und 1 Mischgefäss, das Ganze in solidem, elegantem Etui (Fig. 500)	60.—
501	¹/₂ Dtzd. **Extrakapillare**	2.40
502	1 **Extramischgefäss**	4.—
503	1 **Stechapparat** nach Dr. Laker	4.—
504	**Heizbarer Objekttisch** nach Dr. L. Pfeiffer (von Zeiss), bestehend aus einem zusammengekitteten Glaskasten, der direkt als Objektträger benutzt werden kann, mit Thermometer und Leitungsröhren	9.—
505	dto. mit 3 Ausschliffen an der obern Fläche zu Beobachtungen von hängenden Tropfen	15.—
506	**Thermoregulator** hiezu	10.—

Fig. 507

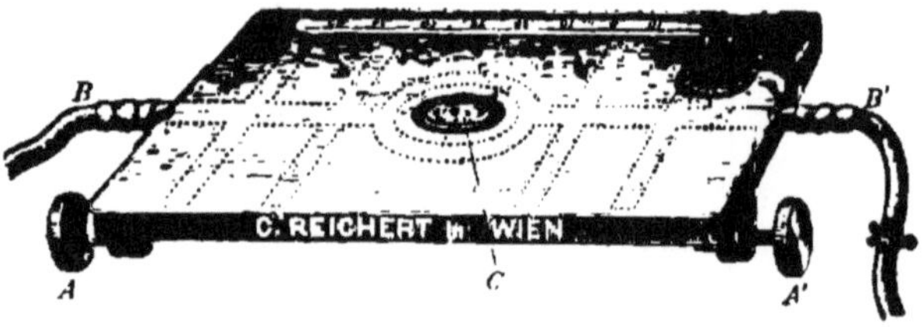

507	**Heizbarer Objekttisch** nach Löwit (von Reichert) von einfacher Konstruktion und geringer Dicke, mit einfachem Kondensor, um stärkste Vergrösserungen und Oel-Immersion verwenden zu können, mittels zweier Schrauben an jedem grössern Stativ zu befestigen (Fig. 507)	40.—

NB. Bei Nachbestellung wird gebeten, die Breite des Mikroskoptisches anzugeben.

Mikroskope, Präparierstative und Lupen
aus den besten deutschen Werkstätten zu Originalpreisen.

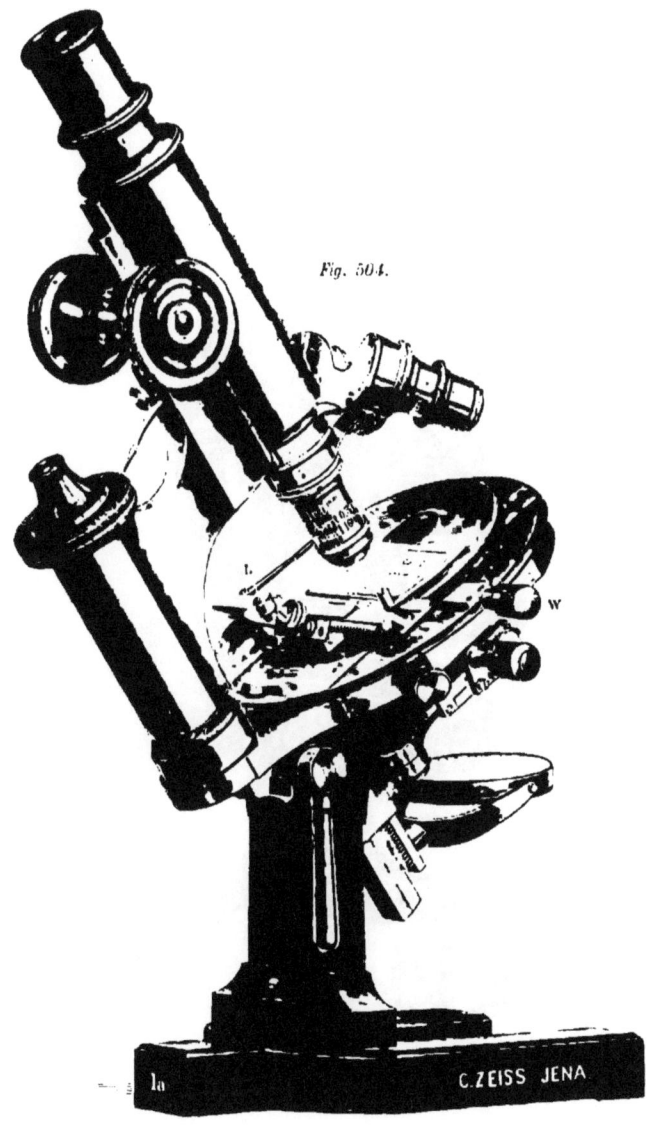

Fig. 504.

R. JUNG, HEIDELBERG.

Fig. 505.

Stativ Ia mit festem Tisch (von Leitz, Wetzlar).

Goldene Medaille Paris 1900.

R. Jung

Werkstätte zur Anfertigung wissenschaftlicher Instrumente

Inhaber: **R. Jung & W. Löw**

HEIDELBERG

Landhausstrasse No. 12.

Nachtrag zum Preisverzeichnis von 1895, I. Abteilung.

Infolge des beständigen Steigens der Arbeitslöhne und der Preise für Rohmaterialien sehen wir uns gezwungen, **die Preise unserer Fabrikate um etwa 10%, zu erhöhen.** Wir bitten unsere verehrlichen Kunden, bei Bestellungen nach dem Preis-Verzeichnis von 1895, I. Abteilung, diesen Nachtrag zu beachten, in welchem die Preise für sämtliche Nummern des Verzeichnisses von 1895 enthalten und von nun an allein gültig sind.

Eine Anzahl Instrumente bezw. Teile solcher, welche den heutigen Anforderungen nicht mehr entsprechen, sind ausgeschieden, da wir dieselben nicht mehr anfertigen, einige neue Formen hinzugekommen. Da wir stets bestrebt sind unsere Instrumente in Form und Ausführung zu verbessern, so geben wir uns der Hoffnung hin, dass der kleine Aufschlag Sie nicht abhalten wird, uns auch künftig Ihre Aufträge zukommen zu lassen.

Hochachtungsvoll

R. Jung.

Heidelberg, im Mai 1900.

Lieferungs-Bedingungen.

Die Preise verstehen sich frei Heidelberg, ohne Abzug, in bar, Schecks oder kurzen, bankfähigen Wechseln.

Zahlung innerhalb 30 Tagen. Nach Ablauf derselben werden, sofern nicht Anderweitiges vereinbart, **5%** **Verzugszinsen** berechnet.

Sendungen an uns Unbekannte, sowie solche nach dem Auslande, soweit es sich nicht um öffentliche Anstalten handelt, werden nur nach Einsendung des Betrages ausgeführt. Für Reparaturen und sonstige kleine Posten solcher Kunden, welche nicht ständig mit uns in Geschäftsverbindung stehen, lassen wir den Betrag durch Nachnahme erheben.

Für die genaue Einhaltung der angegebenen Lieferzeit können wir keine Verbindlichkeit übernehmen.

Der Versandt geschieht, wenn vom Besteller nicht anders bestimmt, nach unserem Ermessen als Poststück, Eil- oder Frachtgut auf dessen Rechnung und Gefahr. Die Versicherung des Wertes geschieht nur auf ausdrücklichen Wunsch des Bestellers.

Beanstandungen können nur innerhalb acht Tagen nach Empfang der Ware berücksichtigt werden. Verpackung wird nicht zurückgenommen.

R. Jung.

Schlittenmikrotome nach Prof. Thoma.

Gestelle und einzelne Teile zu Schlittenmikrotom Grösse I.

No. 1	120.— Mark.	No. 17	—.70 Mark.
„ 2 [1])	165.— „	„ 18	—.60 „
„ 3	8.50 „	„ 19	—.50 „
„ 4 [2])	38.— „	„ 20	—.50 „
„ 5 [2])	42.— „	„ 21	fällt weg.
„ 6 [3])	fällt weg.	„ 22	9.— Mark.
„ 7	16.— Mark.	„ 23	9.— „
„ 8	13.50 „	„ 24	32.— „
„ 9	26.— „	„ 25	46.— „
„ 10	26.— „	„ 26	54.— „
„ 11	62.— „	„ 27	13.— „
„ 12	85.— „	„ 28	22.— „
„ 13	70.— „	„ 29	33.— „
„ 14	fällt weg.	„ 29a	8.— „
„ 15	85.— Mark.	„ 30	4.— „
„ 16	1.— „		

Gestelle und einzelne Teile zu Schlittenmikrotom Grösse II.

No. 31	75.— Mark.	No. 36 [3])	fällt weg.
„ 32 [1])	95.— „	„ 37	12.— Mark.
„ 33	6.50 „	„ 38	10.— „
„ 34 [2])	33.— „	„ 39	23.— „
„ 35 [2])	37.— „	„ 40	24.— „

1) Hat vor No. 1 nur den Vorzug, dass es weniger leicht oxydiert und ist desshalb besonders für Seestationen geeignet.
2) Die Kurbelbewegung ist besonders zu empfehlen, wenn es sich um Anfertigung sehr dünner Schnitte handelt, also 5 bis 1/4 μ.
3) Ist bei richtiger Messerstellung vollkommen überflüssig.

No. 41	50.— Mark.		No. 53	fällt weg.
„ 42	68.— „		„ 54	7.— Mark.
„ 43	48.— „		„ 55	7.— „
„ 44	52.— „		„ 56	30.— „
„ 45	fällt weg.		„ 57	44.— „
„ 46	„ „		„ 58	50.— „
„ 47	68.— Mark.		„ 59	11.— „
„ 48	1.50 „		„ 60	22.— „
„ 49	—.50 „		„ 61	fällt weg. [1]
„ 50	—.35 „		„ 62	29.— Mark.
„ 51	—.25 „		„ 63	4.— „
„ 52	fällt weg.		„ 64	2.50 „

Gestelle und einzelne Teile zu Schlittenmikrotom Grösse III.

No. 65	40.— Mark.		No. 75	—.45 Mark.
„ 66[2]	52.— „		„ 76	—.30 „
„ 67	5.— „		„ 77	—.20 „
„ 68[3]	30.— „		„ 78	37.— „
„ 69	9.— „		„ 79	7.— „
„ 70	8.— „		„ 80	27.— „
„ 71	20.— „		„ 81	38.— „
„ 72	22,— „		„ 82 und 83 fallen weg.	
„ 73	35.— „		„ 84	1.70 Mark.
„ 74	35.— „			

1) Es wird nur noch der aus Eichenholz geliefert.
2) Hat vor No. 65 nur den Vorzug, dass es weniger leicht oxydiert und ist desshalb besonders für Seestationen geeignet.
3) Die Kurbelbewegung ist besonders zu empfehlen, wenn es sich um Anfertigen sehr dünner Schnitte, also von 5 bis 1/4 μ handelt.

Vollständige Schlittenmikrotome.
Bemerkungen zur Auswahl der einzelnen Teile.

Für Gefrierschnitte hat sich unser kleines, sogen. Studentenmikrotom, besonders das mit automatischer Einstellung der Schnittdicke, No. 119, vorzüglich bewährt. Man arbeitet damit schneller und sicherer als mit dem Schlittenmikrotom und schont letzteres. Es ist deshalb dringend zu empfehlen, bei solchen Zusammenstellungen der Schlittenmikrotome, welche einen zweiten Objektschlitten für die Gefriervorrichtung enthalten, diesen und die Gefriervorrichtung wegzulassen und ein Studentenmikrotom No. 119 dafür anzuschaffen. Ueber Messerhalter s. Seite 7 und über die Auswahl der Messer Seite 8. Wir liefern die Messerschlitten gewöhnlich mit Flügelschraube, aber auf Wunsch statt dieser mit Kreuzlochschraube. Für Messerhalter 129 f und 129 l ist letztere mehr zu empfehlen.

Zu allen Zusammenstellungen vollständiger Schlittenmikrotome fügen wir die nötigen Abziehvorrichtungen bei, auch wo sie nicht erwähnt sind und sind diese im Preise mit einbegriffen.

No.		Mark
	Vollständige Schlittenmikrotome, Grösse I.	
85	Bestehend aus den No. 1, 7, 8, 24, 150, 154	216.50
86	„ „ „ „ 1, 7, 9, 10, 24, 162a, 164b und 164c, 168, 126 g I, 186, 154, 177 .	285.50
87	„ „ „ „ 1, 11, 22, 25, 162a, 164a, 164b, 168, 128 n, 186, 154, 177 . . .	303.50
88	fällt weg.	
89	Wie No. 87, aber mit No. 12 anstatt 11	326.50
90	Bestehend aus den No. 1, 12, 22, 26, 27, 28, 136, 162a, 164a, 164b, 168, 128n, 186, 154, 177	379.50
91	Wie No. 90 und noch mit No. 7, 10 und 164c . . .	432.50
92	fällt weg.	
93	Bestehend aus den No. 1, 15, 26, 28, 136, 2 Stück 162a, 2 St. 164b, 168, 129l, 186, 154, 183	397.70
94[1]	Wie No. 93 und noch mit No. 7, 10, 164c	450.70
	NB. Vorstehende Instrumente I mit Gestell No. 2 mehr	45.—
	Mit Skala und Nonius No. 3 mehr	8.50
	Mit No. 4 oder 5 mehr . . . . . 38.— und	42.—

---

[1] Praktischer und billiger ist es anstatt dieser No. das Studentenmikrotom No. 119 zu nehmen. Siehe Bemerkung oben.

No.		Mark
	Vollständige Schlittenmikrotome, Grösse II.	
95	Bestehend aus den No. 31, 37, 38, 56, 151, 155 . . .	149.50
96	Wie No. 95, aber mit No. 39 anstatt 38	162.50
97	Bestehend aus den No. 31, 37, 39, 40, 56, 127 g II, 164 a, 164 b, 164 c, 170, 186, 155, 177 .	214.50
98	„ „ „ „ 31, 41, 57, 164 a, 2 Stück 164 b, 170, 127 g II, 136, 155, 177, 186 . .	229.50
99	Wie No. 98, aber mit No. 42 anstatt 41 und mit 54 . .	254.50
100	Bestehend aus den No. 31, 44, 48, 49—51, 6 Stück Stabilit oder Metall (nach Wahl), 58, 128 n, 136, 164 a, 2 Stück 164 b, 170, 155, 177, 186	241.60
101[1])	Wie No. 100 und noch mit No. 37, 40 und 164 c . . .	288.60
102	Wie No. 100, aber mit 47 anstatt 44 und mit 60 . . .	279.60
	NB. Vorstehende Instrumente II, jedoch mit Gestell No. 32 anstatt 31 mehr	20.—
	Mit Skala und Nonius No. 33 mehr	6.50
	Mit No. 34 oder 35 mehr . . . . . 33.— und	37.—

1) Praktischer und billiger ist es, anstatt dieser No. das Studentenmikrotom No. 119 zu nehmen. Siehe Bemerkung Seite 5.

	Vollständige Schlittenmikrotome, Grösse III.	
103	Bestehend aus den No. 65, 69, 70, 80, 152, 156 . . .	98.70
104	„ „ „ „ 65, 69, 71, 72, 80, 3 Stück 165, (je 1 von a, b, c), 172, 127 g II, 186, 156, 178	159.60
105	„ „ „ „ 65, 73, 81, 2 Stück 165 (a und b), 172, 127 g II, 186, 156, 178, 136 .	156.10
106	„ „ „ „ 65, 69, 72, 78, 81, 3 Stück 165 (je 1 von a, b, c), 172, 128 n, 186, 156, 178, 136	199.10
	NB. Vorstehende Instrumente III, jedoch mit Gestell 66 (Bronce) mehr	12.—
	Mit Skala und Nonius mehr	5.—
	Mit 68 mehr	30.—

	Vollständiges Schlittenmikrotom IV, Grösse wie II.	
107	Bestehend aus den No. 32, 44, 57, 2 Stück 164 b, 171, 128 n, 130, 186, 136, 183, 223, 225 . .	248.40
108	Mit No. 48—51 mehr	2.60
109	Mit No. 58 anstatt 57 mehr	6.—
109a	Mit No. 129 l anstatt 128 n mehr	16.—

Automatische Mikrotome für Paraffinpräparate.

No. 110 fällt weg.		Rasiermesser 207	6.— Mk.
„ 111	. 100.— Mk.	Messer 187	6.— „
„ 112	. . 145.— „	Griff 186	3.50 „
„ 113	. . —.80 „	Etui 188	2.70 „
„ 114	. . 2.— „	No. 116	23.— „
„ 115	. . 45.— „	Verpackung	2.— „

Kleine Mikrotome, Gefriermikrotome, Cylindermikrotome.

No. 117 . . . 28.— Mk.
„ 118 . . . 33.— „
„ 119 . . . 42.— „
„ 120 . . . 1.— „

Ohne Gefriervorrichtung kosten No. 117—119 5.— Mk., ohne Paraffinklammer 2 Mk. weniger.

Für Botaniker, ohne Gefriervorrichtung und mit 2 Objektklammern 1.— Mk. weniger.

Etui No. 191 für 4 Messer No. 190 3.50 Mk.
Griff No. 192 zum Schleifen und Abziehen der Messer 3.50 Mk.

No. 121 und 122 fallen weg. No. 124 . . . 21.— Mk.
„ 123 . . . 18.— Mk. „ 125 . . . 6.— „

Nebenapparate für Mikrotome.

Neue Messerhalter, beschrieben von Prof. P. Mayer, Neapel, i. d. „wissenschaftlichen Mikroskopie", Band 16, Seite 29—32.

No. 126[1]) Form g I, die Messer liegen auf 3 Punkten auf und werden mit einer kräftigen Schraube von oben festgeklemmt; für Messer von 12 mm Rückendicke (also Messer nach Jung von 24 cm) und kleinere . . 8.— Mk.

„ 127[1]) Form g II, wie vorige No. für Messer von höchstens 10 mm Rückendicke (also Messer nach Jung von 17 cm) und kleinere . . . . 7.50 „

„ 128[1]) Form n, Grösse wie 126 g, mit 5 Stellschräubchen, um die Lage des Messers zu justieren . . . 9.— „

---

1) Siehe unsere „Beschreibung der neuen Messerhalter aus der Werkstätte von R. Jung."

No. 129 Form I, mit in vertikaler Richtung um 16° Neigung verstellbarer Klammer. Die Messerschneide ist bei Messern von normaler Breite als Achse zu denken, um welche sich die Klammer bei Verändern des Schneidewinkels dreht. Die Schneide bleibt also in gleicher oder doch annähernd gleicher Höhe über dem Präparat . . . . 25.— Mk.
„ 129 Form f. Diesen älteren drehbaren Messerhalter liefern wir auf vielfachen Wunsch in etwas abgeänderter Form auch künftig. Ein Nachteil dieser Form gegenüber derjenigen von No. 129 I ist, dass sich beim ändern des Schneidewinkels die Messerschneide merklich hebt oder senkt, weil die gedachte Achse in der Nähe des Messerrückens liegt . . 18.— „

No.	Preis		No.	Preis
130	. . . 1.50 Mk.		140	. . . 1.25 „
131	fällt weg.		141	. —.60 bis 1.— „
132	. . . 1.50¹) „		142	. 2.— „ 4.— „
133	. . 1.80 „		143	. . —.85 „
134	. . 1.60 „		144	. . —.75 „
135	. . 1.40 „		145	. . —.45 „
136	. . 10.— „		146	. . —.30 „
137	. 15.— „		147	. . . —.35 „
138	. . 8.— „		148	do. Tischform, kosten das Doppelte.
139	. 10.— „			

Messer und Hilfsapparate zur Mikrotomie, Mikrotommesser.

Bei der Auswahl der Messer ersuchen wir dringend, folgende Bemerkungen zu beachten.

Die von uns gelieferten Messer für Mikrotome werden, bevor sie zum Verkauf kommen, auf das sorgfältigste geprüft.

Mikrotommesser mit sehr fein ausgeschliffener Schneide für in Alkohol gehärtete und für Celloidinpräparate sind mit **a** gezeichnet, stärkere für Paraffin mit **b**, solche für gefrorene und sonstige sehr harte Präparate mit **c**.

Bei Bestellung wird dringend gebeten, von diesen Bezeichnungen Gebrauch zu machen. Dieselben gelten für alle Formen.²) — Die

---

1) Bei den Messerhaltern No. 128—129 überflüssig.
2) Da sich die Messer der Form Tb. nicht gut quer stellen lassen, so halten wir nur solche mit Schneide a auf Lager, b und c müssen erst angefertigt werden.

Messer nach Thoma und nach Jung unterscheiden sich nur durch die Angel, während die Klingen ganz gleich sind. Die Messer nach Jung haben den Vorzug, dass sie in jeder Stellung auf dem Messerschlitten aufgespannt werden können, sich auch in der Querstellung auf die ganze Länge der Schneide hin ausnutzen lassen und dass sie wesentlich billiger sind als die Messer nach Thoma. Allerdings braucht man für die Messer nach Jung einen Messerhalter und einen besonderen Griff zum Abziehen. Trotzdem sind schon zwei Messer mit diesen Teilen billiger als zwei Messer nach Thoma von der gleichen Grösse. Aus diesen Gründen haben wir in der Zusammenstellung vollständiger Mikrotome die Messer nach Thoma nur da belassen, wo nur ein Stück angegeben ist. Wo in unserer Liste von 1895 mehrere Messer bei diesen Zusammenstellungen angeführt sind, ist jetzt das Messer nach Thoma weggelassen worden und noch ein Messer nach Jung dafür aufgenommen.

Die Preiserhöhung der Messer ist hauptsächlich durch die grössere Breite der Klingen bedingt, während die Preise für schmale Messer festgesetzt waren.

Mikrotommesser nach Thoma
mit Etui.

No. 149 fällt weg, da sich die Form Thoma für grössere Mikrotome nicht eignet.
„ 150 . . . 33.— Mk.
„ 151 . . . 21.— „
„ 152 . . . 13.50 „

Abziehvorrichtungen für Messer a nach Thoma und Jung.

No. 153 fällt weg.   No. 157 fällt weg.
„ 154 . . . 2.— Mk.   „ 158 . . . 3.50 Mk.
      Für 20 cm 1.70 „   Für 20 cm 3.10 „
„ 155 . . . 1.50 „   „ 159 . . . 2.70 „
„ 156 . . . 1.20 „   „ 160 . . . 2.— „

Mikrotommesser nach Jung, breite Form
ohne Etui.

No. 161 . . 35.50 Mk.   No. 164 . . 11.— Mk.
„ 162 . . . 23.— „   „ 165 . . . 8.50 „
„ 163 . . . 17.80 „   „ 166 . . . 6.— „

Für Kühlmesser der Form Jung, deren Stiel dicker sein muss als der der anderen Messer, ist ein weiterer Griff No. 186 b erforderlich.

Preis der Kühlmesser 50 % teurer als die gewöhnlichen derselben Form und Grösse.

Etuis für die Messer nach Jung.

No. 167	.	.	6.— Mk.	No. 171	.	2.80 und 3.20 Mk.
„ 168	.	.	5.50 „	„ 172	. 2.50	„ 2.70 „
„ 169	.	.	4.50 „	„ 173	. 2.20	„ 2.40 „
„ 170	.	.	3.50 „			

Abziehvorrichtungen für die Messer b und c nach Jung.

Aeltere Form.   **Neuere Form.**

No. 174	. . . 2.50 Mk.	No. 180	. . . 4.— Mk.
„ 175	. . . 2.— „	„ 181	. . . 3.60 „
„ 176	. . . 1.70 „	„ 182	. . . 3.— „
„ 177	. . . 1.50 „	„ 183	. . 2.70 „
„ 178	. . . 1.20 „	„ 184	. . . 2.— „
„ 179	. . . 1.— „	„ 185	. . . 1.80 „

„ 186   geriefter, vernickelter Neusilbergriff zum Abziehen
      für die Messer nach Jung . . . . . . 3.50 „
„ 186 a ebenso, Ebenholz . . . . 3.50 „
„ 186 b   „   „   für die Kühlmesser Form Jung   3.50 „

„ 187	. 6.— Mk.	No. 191	. . 2.20 „
„ 188	. 2.70 „	„ 192	. . 3.50 „
„ 189	. 7.— „	„ 193	. —.30 „
„ 190	. 2.50 „		

Messer zum Freihandschneiden.

No. 194	. 9.50 Mk.	No. 205	. . . 2.50 Mk.
„ 195	. 8.20 „	„ 206	. . . 3.50 „
„ 196	. 7.— „	„ 207	. . . 6.— „
„ 197	. 8.— „	„ 208	. —.25 bis —.60 „
„ 198	. . 6.60 „	„ 209	. . . 7.— „
„ 199	. . 6.80 „	„ 210	fällt weg.
„ 200	. . . 6.90 „	„ 211	. . 18.— „
„ 201 gewöhnlich	3.75 „	„ 212	fällt weg.
„ 202	. . . 5.90 „	„ 213	„ „
„ 203	. . . 5.90 „	„ 214	. . . 1.50 „
„ 204	. . . 1.80 „		

Abziehsteine und Streichriemen.

No. 215	. 14.— bis 20.— Mk.	No. 217	. 2.50 bis 6.— Mk.
„ 216	. 10.— „ 14.— „	„ 218	. 3.— „ 15.— „

Grössere Abziehsteine zu entsprechend höheren Preisen.

No. 219	. .	4.50 Mk.	No. 222	—.50 Mk.
„ 220	. .	5.50 „	„ 223	4.50 „
„ 221 mit abnehmbarer			„ 224	3.75 „
Schraubzwinge 7.50 „			„ 225 . .	1.— „

Einzelne Instrumente zum Präparieren.

No. 226	. .	—.40 Mk.	No. 230 .	—.90 Mk.
„ 227	. .	—.60 „	„ 231 .	1.— „
„ 228	. .	—.80 „	„ 232 .	1.— „
„ 229	. .	—.90 „		

Nadeln von Platin-Iridium richten sich im Preis nach dem jeweiligen Werte des Metalls.

Nadeln von Nickelin liefern wir nicht mehr, dagegen solche von Reinnickel, welche das Doppelte der für Stahl angegebenen Preise kosten.

No. 233 .	1.— Mk.		No. 258 fällt weg.	
„ 234 .	—.20 „		„ 259 . . .	1.— Mk.
„ 235 .	—.40 „		„ 260 .	1.— „
„ 236 .	1.50 „		„ 261 .	1.— „
„ 237 .	1.75 „		„ 262 .	1.— „
„ 238 .	1.30 „		„ 263 .	1.25 „
„ 239 .	1.65 „		„ 264 .	1.50 „
„ 240 .	1.20 „		„ 265 .	2.20 „
„ 241 .	1.50 „		„ 266 .	4.— „
„ 242 .	1.30 „		„ 267 .	1.75 „
„ 243 .	1.65 „		„ 268 .	2.50 „
„ 244 .	1.30 „		„ 269 .	2.50 „
„ 245 .	1.65 „		„ 270 .	3.— „
„ 246 .	2.— „		„ 271 . . .	3.60 „
„ 247 .	2.30 „		„ 272 Reinnickel	5.50 „
„ 248 .	1.50 „		„ 273 . . .	1.50 „
„ 249 .	2.— „		„ 274 .	1.— „
„ 250 .	1.85 „		„ 275 .	—.85 „
„ 251 . .	2.— „		„ 276 .	1.— „
„ 252 .	1.70 „		„ 277 .	2.— „
„ 253 . . .	2.80 „		„ 278 .	—.80 „
„ 254 Reinnickel	3.50 „		„ 279 .	1.50 „
„ 255 fällt weg.			„ 280[1]).	2.— „
„ 256 „ „			„ 281 .	—.10 „
„ 257 „ „			„ 282 . .	1.50 „

[1] Dient weniger als Schnittfänger, sondern wird hauptsächlich dazu benutzt, um kleine Objekte wie Insekteneier u. dergl. herauszufischen.

Präparier-Bestecke, aussen Kalikobezug, innen Sammt.

No.			No.		
283	6.—	Mk.	286	10.—	Mk.
284	7.—	„	287	13.—	„
285	10.—	„	288	17.50	„

Trockenöfen, Wasserbäder, Brenner u. s. w.

No. 289 fällt weg.
„ 290 „ „
„ 291 innere Weite: 31 × 20 × 24 . . . . 60.— Mk.
„ 292 innere Weite: 20 × 14 × 18 . . . . 45.— „
„ 293 einfacher, Grösse 15 cm in jeder Richtung. Ohne
   Glasschieber und ohne Brenner . . . 25.— „

			No.		
„ 294 bis 300 fallen weg.			315 . .	6.50	„
„ 301	. . 65.—	Mk.	„ 316 . . .	6.—	„
„ 302	. . . 33.—	„	„ 317 fällt weg.		
„ 303 fällt weg.			„ 318	„	„
„ 304	. . . 2.20	„	„ 319 .	. 2.—	„
„ 305	. . —.50	„	„ 319a .	1.—	„
„ 306	. . —.80	„	„ 320 .	—.50	„
„ 307	. . —.80	„	„ 321	—.80	„
„ 308	. . 4.50	„	„ 322 .	—.70	„
„ 309	. . 5.—	„	„ 323 .	—.50	„
„ 310	. 4.50	„	„ 324	—.50	„
„ 311	. . 6.—	„	„ 325	6.—	„
„ 312	—.40 bis 1.—	„	„ 326 .	5.—	„
„ 313	. 2.60	„	„ 327 .	4.—	„
„ 314	. 2.40	„	„ 328 .	3.50	„

Einbettungsmassen, Oele, Chemikalien.

No.			No.		
329	. . . 3.—	Mk.	331 .	. 3.50	Mk.
„ 330 in Stücken			„ 332 .	. —.50	„
unter 300 g			„ 333 .	. —.80	„
das kg . 4.—		„	„ 334 .	. —.50	„

Hollundermarkplättchen nach Angabe von Arnold zur Untersuchung
von Blut, 200 Stück in einem Gläschen frei gegen Einsendung von 1 Mk.

Formalin in Flaschen von 100 g, die Flasche —.60 Mk.
„ „ „ „ 1 kg, „ „ 5.— „

Glasgegenstände zur Anfertigung mikroskopischer Präparate.

1. Deckgläschen.
Die bisherigen Preise bleiben.

2. Objektträger.
Es werden nur b und c vorrätig gehalten.

No.			
349 b	.	1.60 Mk.	
350 b	.	1.80 „	c 3.— Mk.
354 b	.	2.20 „	c 3.— „
355 b	. . .	1.80 „	c 3.— „

Die anderen Preise bleiben.

Von den Abteilungen
   3. Objektträger für grosse Objekte,
   4.   dto.   mit Ausschliffen, Zellen u. s. w.,
   5. Glasplatten, Glasklötze u. s. w.
   6. Gläser, Schalen, Dosen und Flaschen,

halten wir kein Lager mehr, liefern aber die Waren soweit unser Vorrat reicht, oder wir dieselben beschaffen können, jedoch ohne Verbindlichkeit für die angegebenen Preise. Die No. 422, 425 und 426 liefern wir nicht mehr, dafür

No. 422a	Porzellanplatte	16 × 13 cm mit 12 runden Vertiefungen von 30 × 8 mm . . .	1.50 Mk.
„ 422 b	dto.	16 × 13 cm mit 24 runden Vertiefungen von 20 × 8 mm . . .	4.50 „
„ 423 a	dto.	nach Leber 28 × 24 cm mit 30 Vertiefungen von 30 × 18 mm. Nummeriert	12.— „
„ 423 b	Porzellanfächerkasten mit 25 Fächern, jedes 4 cm im Quadrat		4.50 „
„ 425 a	Färbetrog, bestehend aus einem Glaskasten mit eingeblasenen Rippen, für 16 Objektträger von 76 × 26, mit Deckglasplatte . .		1.80 „
„ 426 a	Tauchapparat für aufgeklebte Schnittserien. Derselbe besteht aus einem Nickelgestell, in welchem 10 Objektträger 76 × 26 in etwas geneigter Richtung gelagert sind und welches in einen Glastrog mit plangeschliffenen Rand gesetzt wird. Als Deckel		

dient eine plangeschliffene Glasplatte. Gestell und Trog sind verhältnismässig klein, der Verbrauch des Färbemittels also gering . . . . . 5.— Mk.
No. 439 liefern wir nicht mehr, sondern nur noch
„ 440 blaue Farbstifte, das Stück . . . —.40 „

Kasten, Mappen u. s. w.

No. 446 . . . —.50 Mk. No. 447 fällt weg.
.. 446a mit Knopf- „ 470 „ „
verschluss —.60 „ „ 471 . 4.50 Mk.
Alle anderen Preise bleiben gleich.

Hilfsapparate zur Mikroskopie.

No. 475 bis 478 fallen weg. No. 491 . . 5.— Mk.
„ 479 . 65.— Mk. „ 492 . . . 160.— „
„ 480 . . 15.— „ „ 493 und 494 fällt weg.
„ 481 . . 30.— „ „ 495 . . . 18.— „
„ 482 . . 12.— „ „ 496 . . . 9.— „
„ 483 . . 16.— „ „ 497 . . 9.— „
„ 484 . . . 25.— „ „ 498 . . —.75 „
„ 485 mit 486 . 22.— „ „ 499 . . . 32.— „
„ 487 . . . 7.— „ „ 500 bis 507 fallen weg.
„ 488 bis 490 fallen weg.